Veronika Pichl

Ich liebe Kaffee

riva

Bibliografische Information der Deutschen Nationalbibliothek:
Die Deutsche Nationalbibliothek verzeichnet diese Publikation in der Deutschen Nationalbibliografie;
detaillierte bibliografische Daten sind im Internet über http://d-nb.de abrufbar.

Für Fragen und Anregungen:
info@rivaverlag.de

Originalausgabe
1. Auflage 2017

© 2017 by riva Verlag, ein Imprint der Münchner Verlagsgruppe GmbH
Nymphenburger Straße 86
D-80636 München
Tel.: 089 651285-0
Fax: 089 652096

Redaktion: Caroline Kazianka
Umschlaggestaltung: Manuela Amode
Umschlagabbildung: margouillat photo/Shutterstock.com; Fortyforks/Shutterstock.com; Anastasia_Panait/
Shutterstock.com; Jiri Hera/Shutterstock.com
Satz: Satzwerk Huber, Germering
Druck: Florjancic Tisk d.o.o., Slowenien
Printed in the EU

ISBN Print 978-3-7423-0131-4
ISBN E-Book (PDF) 978-3-95971-558-4
ISBN E-Book (EPUB, Mobi) 978-3-95971-557-7

Weitere Informationen zum Verlag finden Sie unter

www.rivaverlag.de

Beachten Sie auch unsere weiteren Verlage unter www.m-vg.de

Inhalt

Vorwort

Der Duft und das Aroma von Kaffee sind für viele Menschen mit der Vorstellung von Geborgenheit und anregenden Gesprächen, mit Kunst, Kultur und Kuchen verknüpft. Wir möchten Ihnen in diesem Buch erzählen, woher der Kaffee stammt, geben Tipps für eine gute Zubereitung und zeigen, welche aktuellen Trends es zu entdecken lohnt. Außerdem haben wir viele Rezepte gesammelt, die dazu verführen sollen, Kaffee auch einmal anders zu genießen.

Ein buntes Kaleidoskop voller Anregungen wartet nun darauf, von Ihnen als Kaffeeliebhaber entdeckt zu werden. Als Begleitung zur Lektüre empfehlen wir natürlich eine gute Tasse Kaffee.

Kaffee hat viele Freunde

Er belebt, muntert auf, stärkt die Konzentration, und selbst Abstinenzler lieben seinen betörenden Duft: Kaffee ist aus unserer Genusskultur nicht mehr wegzudenken. Dazu wird ihm noch eine Fülle segensreicher Wirkungen auf die Gesundheit nachgesagt: Er soll bei Kopfschmerzen und Kater helfen und vermindert sogar Karies.

Folglich ist Kaffee auch der Deutschen liebstes Getränk. Mit durchschnittlich 0,4 Litern täglich liegt er noch vor Mineralwasser (0,38 Liter) und Erfrischungs-

getränken (0,32 Liter). Weltweit belegt Deutschland gemessen am Kaffeeverbrauch pro Kopf den fünften Platz.

Wo man Kaffee genießen kann: das Bett und andere duftende Orte

Begeistert beginnen Fans in aller Welt den Tag noch im Bett mit einem Filterkaffee, genießen mittags am Schreib- tisch den anregenden Espresso und nachmittags einen Iced Flavored Latte bei Starbucks®. Aber nicht nur dort, auch

cher mit auf seinen Weg zum nächsten Termin.

Überall duftet es nach Kaffee, oft nach Gebäck, immer nach Inspiration und Genuss. Kaffee ist ein Traditionsgetränk. Es vereint Liebhaber jeden Alters: Familien, Freunde, Arbeitskollegen, Paare und Singles. Kaffee kommt nicht aus der Mode. Im Gegenteil, in letzter Zeit hat er sogar Aufwind bekommen. Als »Espresso con panna« oder »Caramel macchiato« überrascht er nicht nur gestandene Genießer, sondern schmeichelt sich auch bei Kaffee-Neulingen ein. Seine Fangemeinde wächst mit der Anzahl von neuen und wiederentdeckten Rezepten und Zubereitungsarten. Und um die belebende Wirkung des Kaffees ranken sich zahlreiche Legenden.

im ratternden Speisewagen der Bahn, im verträumten Traditionscafé, im Wiener Kaffeehaus mit intellektuellem Stimmengewirr im Hintergrund oder in der stylischen Espressobar, bedient vom Barista persönlich. Und wer es eilig hat, nimmt einen Coffee to go im eigenen Thermobecher oder im Einwegbe-

Woher kommt der Kaffee? Mythen und Geschichten

Als ältester Kaffeegenießer gilt der Prophet Mohammed. Er soll von einer tödlichen Erkrankung genesen sein, nachdem ihm der Erzengel Gabriel eine Portion starken Kaffees eingeflößt hatte. Schon nach wenigen Schlucken hob er 40 Männer aus dem Sattel und in der Nacht darauf liebte er 40 Jungfrauen.

Einer anderen Legende nach haben wir die Entdeckung der Kaffeebeere einer Gruppe von Hirten mit ihren Ziegen im südwestlichen Äthiopien zu verdanken. Dort, im Königreich Kaffa, naschten die

Ziegen die tiefroten Früchte eines unbekannten Strauchs und sprangen dann bis tief in die Nacht munter umher, sodass die Hirten nicht zum Schlafen kamen. Die übermüdeten Hirten berichteten den Mönchen eines nahen Klosters davon. Diese pflückten die leicht verderblichen Beeren, trockneten und zerrieben sie und bereiteten aus dem so entstandenen Pulver einen Aufguss mit heißem Wasser. Das Ergebnis war ein belebendes Getränk, das ihnen erlaubte, so munter wie die Ziegen zu bleiben.

Die ältesten Aufzeichnungen über die Eigenschaften des Kaffees stammen aus dem Jahr 1015 n. Chr., niedergeschrieben von dem persischen Arzt und Philosophen Ibn Sina. Er setzte schon damals die Kaffeebeere als stimulierendes Heilmittel ein.

Im 14. Jahrhundert bauten Bauern in Arabien Kaffee an und sicherten sich eine Monopolstellung. Im Jemen wurden Kaffeebohnen dann erstmals geröstet. Der so entstandene starke arabische Kaffee ist nach der Hafenstadt Mokka

benannt. Der Name »Kaffee« hat mit seiner Reise ins Osmanische Reich zu tun.

So kam der Kaffee zu seinem Namen

Man könnte meinen, die Provinz Kaffa hätte bei der Namensfindung unseres Lieblingsgetränks Pate gestanden. Doch die Geschichte wurde anders überliefert: Im 16. Jahrhundert gelangte der Kaffee über Arabien und Persien ins Osmanische Reich.

Auf Arabisch wurde das dunkle Gebräu »qahwah« genannt, auf Türkisch »kaweh«. Beide Begriffe stehen eigentlich für »Wein«. Da den Moslems der Genuss von Wein verboten war, wussten sie die belebende, leicht berauschende Wirkung des Kaffees zu schätzen. So wurde Kaffee zum »Wein des Islams«.

Im türkischen Konstantinopel entstand im Jahr 1564 das erste Kaffeehaus. Kein Wunder, denn die Türken waren die Ersten, die das Zubereiten von Kaffee zur Kunst erhoben. Und diese Kunst fand bald ihren Weg nach Europa.

»Dieser Trank ist so köstlich« – Kaffee kommt nach Europa

Der Augsburger Arzt Leonhard Rauwolf entdeckte den Kaffee auf seinen Reisen in den arabischen Raum und berichtete darüber in seinem 1582 veröffentlichten Buch *Reise in die Morgenländer*. Bald darauf, im Jahr 1615, brachten Handelsreisende die wertvolle Fracht nach Venedig, in das Zentrum des Orienthandels.

dem Clemens aber selbst eine Tasse des schwarzen, duftenden Kaffees probiert hatte, soll er gesagt haben: »Dieser Trank ist so köstlich, dass es eine Sünde wäre, ihn nur den Ungläubigen zu überlassen.« Um den Satan zu bezwingen, taufte er den Trank und machte ihn damit zu einem »wahren Christengetränk«. Der Kaffee setzte nun seinen Siegeszug in die europäischen Länder fort. Als Alltagsdroge war er auch bei den ärmeren Menschen heiß begehrt und löste den bis dahin allgegenwärtigen Alkohol ab. Statt von Wein und Bier benebelt zu sein, waren die Arbeiter nun konzentriert und konnten bis weit in die Nacht arbeiten. Die Fabrikbesitzer freute das natürlich.

In Deutschland hatte es der Kaffee jedoch ziemlich schwer.

Hier öffnete schließlich 1640 das erste Kaffeehaus Europas.

Aufgrund seiner belebenden Wirkung hatte der Kaffee zunächst auch fanatische Gegner. Sie wandten sich an den Papst Clemens VIII. (1536–1605), er möge den Teufelstrank verbieten. Nach-

Der Kaffee in Deutschland: Kaffeeschnüffler und Gerüchte

Da Deutschland keine Kolonien hatte, mussten die Handelsreisenden den Kaffee für teure Devisen einkaufen. Das machte ihn für lange Zeit zum Luxusgut – zum illegalen noch dazu. Denn Friedrich der Große (1712–1786) verbot das private Rösten von Kaffee, in der Folge waren nur mehr staatlich genehmigte Röstereien zugelassen. Der Grund war simpel: Friedrich wollte die Devisen im Land halten. Das ging nur, wenn die Untertanen statt Kaffee weiter das ge-

wohnte, in der Region gebraute Bier tranken.

Deshalb setzte er »Kaffeeschnüffler« ein, deren Aufgabe es war, illegal betriebene Kaffeeröstereien ausfindig zu machen und die Inhaber zu bestrafen. Außerdem ließ er Gerüchte verbreiten: Kaffee sei gesundheitsschädlich und ein »undeutsches Getränk«.

Nach dem Tod Friedrichs wurde das Verbot aufgehoben und der Kaffee fand endlich auch seinen Platz in Deutsch-

land. Bis zum 19. Jahrhundert hatte sich in den Metropolen eine Kaffeehauskultur entwickelt und die Deutschen tranken sogar mehr Kaffee als alle ihre Nachbarn. Inzwischen hat sich die Wissenschaft intensiv mit dem Kaffee beschäftigt. Und statt vager Gerüchte ist belegt, wie und warum er wirkt. Doch was ist wirklich dran an den zugeschriebenen Wohltaten und Warnungen?

Wie wirkt Kaffee und warum?

Kaffee enthält etwa 2000 Substanzen, über die es immer wieder Neues zu entdecken gibt. Am bekanntesten ist das Koffein. Der Chemiker Friedlieb Ferdinand Runge (1794–1867) fand es im Jahr 1820. Koffein gehört zu den psychotropen Stoffen, also den Rauschmitteln. Heute zählt es zu den am besten erforschten Pflanzenbestandteilen.

Genießen wir nun unsere Tasse Kaffee am Morgen, wird der größte Teil des darin enthaltenen Koffeins zügig über den Dünndarm aufgenommen und in unserem Organismus verteilt. Meist schon nach einer halben Stunde verschwinden Müdigkeit, Konzentrationsschwierigkeiten und oft sogar auch Schmerzen. Zusätzlich entspannt sich unsere Atemmuskulatur, Lungengefäße werden erweitert und das Durchatmen fällt leichter. Neben diesen oft spürbaren Effekten kann Kaffee jedoch noch mehr: Schließlich bringt er auch unseren Stoffwechsel in Schwung, aktiviert die Fettverbrennung und hilft so beim Abnehmen!

Und das geht so: Oftmals spüren wir, dass unser Herzschlag nach dem Kaffeegenuss schneller wird. Gleichzeitig werden unsere Blutgefäße erweitert, sodass eine bessere Durchblutung der Organe erfolgen kann. Obwohl wir von einer verbesserten Durchblutung aktiv nichts merken, führt sie dennoch gemeinsam mit dem schnelleren Herzschlag zu einem gesteigerten Kalorienverbrauch und boostet so unseren Stoffwechsel. Durch den vermehrten Kalorienverbrauch nach dem Kaffeegenuss wird wiederum die Fettverbrennung aktiviert, sodass Kaffee gezielt beim Abnehmen helfen kann – das gilt natürlich umso mehr, wenn wir ihn ohne Milch und Zucker genießen. Verstärkt wird dieser Effekt außerdem durch die leicht appetithemmende Wirkung des Heißgetränks, die dabei helfen kann, Heißhungerattacken vorzubeugen.

Darüber hinaus wirken die in den Röststoffen des Kaffees enthaltenen Flavonoide, Chlorogensäuren, Melanoidine und der Stoff Resveratrol antioxidativ, sie schützen uns also vor freien Radikalen sowie diversen Krankheiten und bringen auch unsere Verdauung in Schwung.

Doch Kaffee hat noch mehr wertvolle Inhaltsstoffe.

»Schwarzer Kaffee macht schön« – warum das alte Sprichwort stimmt

Kaffee enthält außer Koffein auch weitere wertvolle Stoffe. Zum Beispiel zaubert schon eine Spur des Vitamins B3 Niacin (auch: Nicotinsäure) eine reine Haut und regt das Haarwachstum an. Im Kaffee ist es zu 0,02 Prozent enthalten. Eine Tasse Kaffee deckt 5 Prozent des täglichen Bedarfs. Ein Schuss Milch oder Sahne in den schwarzen Kaffee mindert zwar nicht die »Schönheitswirkung«, schwächt jedoch natürlich das Aroma etwas ab.

Der Kaffeesatz ist ein weiteres Schönheitsmittel, und da gilt tatsächlich: Schwarz muss er sein. Denn dann kann er, vermischt mit etwas Joghurt oder Olivenöl, als Hautpeeling dienen: auf die gereinigte Haut auftragen und drei bis fünf Minuten sanft kreisend massieren, dann abspülen und wie gewohnt pflegen. Das Ergebnis: glatte Haut, die sich wunderbar weich anfühlt.

Auch eine Maske für das Gesicht lässt sich leicht herstellen: Gemahlenen Kaffee im Verhältnis 2 : 2 : 1 mit Sahne und Honig vermischen. Diese Zubereitung auf das gereinigte Gesicht auftragen, dabei Augen und Mund frei lassen. Nach 10 bis 15 Minuten wird die Maske abgespült und die Haut wie gewohnt gepflegt.

Wer dies regelmäßig tut, macht sich den Anti-Aging-Effekt des Kaffees zunutze: Die in ihm enthaltenen Antioxidantien wirken nämlich als »Bodyguard« für die Haut, indem sie schädliche freie Radikale abfangen. Weitere Kaffee-Kosmetik-Rezepte finden Sie im Rezeptteil ab Seite 91.

Außer Vitamin B sind im Kaffee auch Kohlenhydrate (30 Prozent), Eiweiß (9 Prozent) und Mineralstoffe (3 Prozent) enthalten. Der Anteil von unbekannten Substanzen beträgt immerhin noch 35 Prozent– da gibt es also viel zu erforschen.

Last, but not least: Kaffee hebt die Stimmung, indem er die Produktion von »Glückshormonen« im Körper anregt. Wie genau das passiert, ist noch nicht eindeutig geklärt. Doch dass gute Laune der Schönheit nützt, ist längst allgemein bekannt.

In der Vergangenheit gab es viele Befürchtungen über gesundheitliche Risiken durch den Genuss von Kaffee. Die meisten davon konnten allerdings widerlegt werden.

Krank durch Kaffee?

Eine gute Nachricht für alle Kaffeegenießer: Die meisten Befürchtungen bezüglich gesundheitlicher Gefahren durch Kaffeekonsum sind inzwischen entkräftet worden. Weder entzieht Kaffee dem Körper Wasser, noch macht er schwermütig oder schadet der Fruchtbarkeit. Auch die These, dass Kaffee dem Körper Vitamine entzieht, ist wissenschaftlich nicht haltbar. Manchmal wurde sogar behauptet, Kaffee sei krebsauslösend. Hier geben die Wissenschaftler nicht nur Entwarnung, sondern haben neue Erkenntnisse gewonnen: Viel spricht dafür, dass Kaffee den Körper eher vor Leber- und Dickdarmkrebs schützen kann. Grund dafür ist die Chlorogensäure, ein Bestandteil des Kaffees.

Kaffee enthält zudem eigentlich keine Schadstoffe, denn die Kaffeebohne ist vom Fruchtfleisch der Kaffeekirsche perfekt schützend umhüllt. Sollten doch Spuren von Pestiziden der Kaffeebohne zu nahe kommen, werden sie beim Röstvorgang zerstört.

Bleibt noch die Frage nach dem Acrylamid. Dieser schädliche Stoff entsteht nicht nur beim Rösten von Kaffee, sondern allgemein beim Backen, Grillen, Braten und Frittieren. Entsprechend taucht er in vielen Nahrungsmitteln wie Pommes frites, Kartoffelchips oder Frühstücksflocken auf. Entscheidend ist also nicht das Acrylamid im Kaffee, sondern die insgesamt aufgenommene Menge. Eine Tasse Kaffee enthält etwa 2,5 bis 3,5 Mikrogramm Acrylamid. Die Weltgesundheitsorganisation (WHO) nennt als Höchstwert 1 Mikrogramm pro Tag und Kilogramm Körpergewicht.

Gesunden Menschen, die sich ausgewogen ernähren, wird ein mäßiger Kaffeekonsum daher also nicht gefährlich werden.

Kaffee reizt den Magen? Das ist bei empfindlichen Personen möglich. Sie können dann auf Espresso umsteigen, denn der ist bekömmlicher als Kaffee. Grund: Die Bohnen für Espresso werden am längsten geröstet. Dadurch werden die in der Kaffeebohne enthaltenen Säu-

ren abgebaut und der Espresso ist magenfreundlicher. Da die Bohnen sehr fein gemahlen und unter hohem Wasserdruck gebrüht werden, gehen auch mehr Inhaltsstoffe aus den Bohnen in den Kaffee über.

Die Länder, in denen der Kaffee wächst

Acht bis 18 Meter wächst ein immergrüner Kaffeestrauch. Die Kaffeebohnen werden aus den Steinfrüchten der Pflanze gewonnen, die wegen ihrer roten Farbe auch »Kaffeekirschen« genannt werden. In jeder Kaffeekirsche befinden sich zwei Bohnen.

Die Kaffeepflanze benötigt zum Wachsen ein gleichmäßiges Klima ohne Extreme, mit ausreichendem Niederschlag und mäßiger Sonneneinstrahlung oder Schatten. Entsprechend diesen Bedürfnissen wird die Kaffeepflanze je nach Sorte in Höhen zwischen 300 und 1200 Metern über NN angebaut. In über 50 Ländern der tropischen und subtropischen Zone wird Kaffeeanbau betrieben, doch nur 20 davon nehmen entscheidend am

Welthandel teil. Die fünf wichtigsten sind: Brasilien, Vietnam, Indonesien, Kolumbien und Indien.

Äthiopien, das Herkunftsland des Kaffees, steht an achter Stelle im Welthandel.

Sag mir, wie du heißt – Kaffeesorten

Von den 124 verschiedenen Arten der Pflanzen in der Gattung *Coffea* werden nur elf zur Zubereitung des beliebten Getränks kultiviert. Davon wiederum bestimmen zwei Arten den Welthandel:

Coffea arabica und *Coffea canephora* (auch: *robusta*). Von beiden gibt es mehrere Sorten. Das Aroma der Bohnen wird durch den Boden und das Klima im jeweiligen Anbaugebiet bestimmt.

Die Sorte Arabica macht mehr als 60 Prozent der Weltproduktion an Kaffee aus. Sie ist der in Deutschland meistverwendete Kaffee. Er enthält 1,5 Prozent Koffein und weist ein mildes, ausgewogenes Aroma auf. Arabica wird vor allem in Brasilien angebaut.

Coffea canephora (robusta)

Coffea canephora ist eine dankbare, widerstandsfähige Pflanze. Sie wird in flacheren Lagen angebaut und ist kaum anfällig für Krankheiten, Hitze und Nässe. Dies hat ihr den Namen »Robusta« eingebracht. Robusta-Kaffee wird in Südostasien und Westafrika kultiviert.

Für den Handel ist die Sorte interessant, weil sie im Vergleich zu Arabica mehr Früchte trägt, die noch dazu schneller reifen. Diese Sorte ist im Geschmack herber und mehr säurebetont als Arabica und enthält mit 2,7 Prozent wesentlich mehr Koffein. Robusta wird in südeuropäischen Ländern wie Südfrankreich, Portugal und Spanien bevorzugt. Der Weltmarktanteil liegt bei etwa 30 Prozent.

Außer den bekannten Sorten gibt es noch Raritäten, die manch ein Kaffeeliebhaber besonders schätzt.

Liberica

Die kleinen, harten Bohnen enthalten viel Koffein und wenig Zucker. Insgesamt sind sie weniger aromatisch als Robusta und Arabica.

Maragogype

Arabica und Liberica miteinander gekreuzt ergeben eine milde, säurearme und magenfreundliche Kaffeesorte. Dieser Kaffee eignet sich besonders gut zur Herstellung von Filterkaffee.

Katzenkaffee (Kopi Luwak)

An der Herstellung dieser Kaffeeart ist die indonesische Schleichkatze beteiligt. Zu ihrem Speiseplan gehören Kaffeekirschen, von denen sie nur das Fruchtfleisch verdauen kann. Die ausgeschiedenen Kaffeebohnen entfalten durch den Aufenthalt im Katzendarm ein spezielles Aroma mit herb-schokoladiger, leicht erdiger bis muffiger Note.

Das Aroma ist nicht immer gleich, weil es von der Witterung und anderen Faktoren beeinflusst wird. Ursprünglich sammelten Kaffeebauern die Katzenexkremente in freier Natur ein und sortierten die Kaffeebohnen raus, um sie für den Eigenbedarf weiterzuverarbeiten.

Aufgrund seiner besonderen Gewinnung ist Kopi Luwak der teuerste Kaffee der Welt; um die 500 Euro beträgt der Kilopreis auf dem Weltmarkt. Leider hat dies der Schleichkatze nichts Gutes eingebracht: Um die Nachfrage nach der teuren Spezialität zu decken, fangen die Einheimischen die Katzen ein und halten sie in engen Käfigen. Als Nahrung erhalten die Tiere dann lediglich Kaffeekirschen. Wer an dieser Art Kaffeegewinnung keinen Anteil haben will, sollte sehr genau darauf achten, woher sein Kopi Luwak stammt.

Gut behandelt: von der Ernte bis zur Röstung

Das Kaffee-Aroma wird nicht nur durch die Art der Kaffeepflanze bestimmt. Auch die Erntemethode, die Aufbereitung von der Reinigung bis zur Röstung und die Mischung der gerösteten Bohnen beeinflussen den Geschmack.

Die Kaffee-Ernte: Picking oder Stripping

Da Kaffeekirschen nicht gleichzeitig reifen, hängen an einem Strauch sowohl reife als auch unreife Früchte. Deshalb ist die Ernte per Hand mit der Pi-

lässt. Danach werden die Bohnen gewaschen und an der Luft getrocknet. 130 bis 150 Liter Wasser je Kilogramm Rohkaffee sind für diese Art der Aufbereitung nötig.

Die Trockenaufbereitung

Bei der Trockenaufbereitung werden die Kaffeekirschen drei bis fünf Wochen lang getrocknet. In dieser Zeit sinkt ihr Wassergehalt von 60 auf 12 Prozent. Danach werden die Kaffeebohnen mechanisch aus den Kirschen herausgeschält.

Die halbtrockene Aufbereitung

Diese Methode ist eine Kombination aus Nass- und Trockenaufbereitung und verbraucht weniger Wasser. Die Kaffeebohnen werden nach dem Waschen mechanisch vom Fruchtfleisch getrennt. Dann werden sie nicht fermentiert, sondern gleich getrocknet. Danach geht es weiter wie bei der Trockenaufbereitung.

cking-Methode für die Qualität am besten. Denn es werden dabei jeweils nur die reifen Bohnen gepflückt.

Bei der Stripping-Methode werden per Hand oder maschinell alle Beeren gleichzeitig gepflückt. Anschließend werden sie dann per Hand sortiert.

Nach dem Pflücken und Sortieren werden die Kaffeebeeren aufbereitet. Bei diesem Vorgang werden Haut und Fruchtfleisch von der Kirsche entfernt, sodass die innenliegende Kaffeebohne zum Vorschein kommt. Dabei gibt es die Nass- und die Trockenaufbereitung. Die Qualität des nass aufbereiteten Kaffees ist höher. Um diesen Vorteil zu nutzen und dabei Wasser zu sparen, wurde noch eine dritte Aufbereitungsart entwickelt: die halbtrockene.

Die Nassaufbereitung

Die Bohnen werden im Wasser vorgereinigt und vorsortiert. In Fermentationsbehältern wird eine Gärung angeregt, sodass der Schleim sich abwaschen

Kaffeebohnen auf großer Fahrt

Nach der Aufbereitung werden die Bohnen von dem noch anhaftenden »Pergamenthäutchen« befreit. Abschließend werden sie verlesen, das heißt nach Größe und Qualität sortiert. Nun tritt der Rohkaffee seine lange Reise an: In 60-kg-Säcken oder in Containern werden die Bohnen per Schiff zu ihrem Zielhafen gebracht. Der größte Umschlagplatz der Welt für Kaffee ist der Hamburger Hafen.

Noch im Hafen werden die Kaffeelieferungen einem »Tasting« unterzogen. Bei dieser Qualitätskontrolle prüft der Großhändler, ob die rohen Bohnen die vereinbarte Qualität aufweisen. Erst dann bekommen sie die heiße Luft der Röstung zu spüren. In Deutschland befinden sich große Kaffeeröstereien in Hamburg (Tchibo) und Bremen (Jacobs). Mittlere und kleine Kaffeeröstereien sind im ganzen Land zahlreich vertreten.

Rösten – viel heiße Luft

Nachdem die grüne Kaffeebohne von ihrer schützenden Hülle getrennt wurde, folgt das Rösten. Traditionell werden die Bohnen mit Heißluft oder auf einem heißen Untergrund erhitzt, sodass das in ihnen noch enthaltene Wasser verdampft. Dabei werden Temperaturen von 100 bis 260 Grad Celsius erreicht. Unter Einwirkung des Wasserdampfs

bricht die Bohne auf und ihre äußere Haut fällt ab.

Am weitesten verbreitet ist die industrielle Röstung bei bis zu 550 Grad. Das spart Zeit, baut jedoch mehr Schadstoffe auf, wie zum Beispiel Acrylamid.

Durch das Rösten entfalten sich die über 800 Aromastoffe in der Kaffeebohne. Je nach Temperatur und Röstdauer wird einer von sechs Röstgraden erreicht, die verschiedene Aromastoffe aktivieren.

– Helle Röstungen sind weniger bitter, dafür mehr säuerlich.
– Dunkle Röstungen schmecken bitterer und leicht süß.
– Espressoröstungen: dunkel, kaum säuerlich.

Das Aroma des Kaffees: Die Mischung macht's

Die Kaffeehersteller komponieren ihre ganz speziellen Mischungen, die auch »Blends« genannt werden. Blends werden entweder aus Rohkaffee zusammengestellt und anschließend geröstet oder erst nach der Röstung aus den verschiedenen Röstkaffees kombiniert. Die optimalen Blends verbinden die besten Eigenschaften der einzelnen Kaffeesorten miteinander. So stellen die Spezialisten sicher, dass Qualitätsunterschiede von Ernte zu Ernte ausgeglichen werden und der Geschmack der jeweiligen Mischung erhalten bleibt.

Ist die Kaffeemischung in den Privathaushalten, Restaurants und Kaffeehäusern angekommen, braucht sie auch weiterhin eine gute Behandlung.

Wie eine Prinzessin: Kaffee ist empfindlich

Die so aufwendig behandelten Bohnen wollen perfekt gelagert sein: Licht, Sauerstoff und Wärme vernichten das Aroma. Ebenso verfälscht die Nähe von zu stark duftenden Speisen den Geschmack, denn der Kaffee zieht gern Gerüche an. Er sollte deshalb unbedingt in einem dicht schließenden Gefäß aufbewahrt werden, und dies möglichst an einem dunklen, kühlen Ort.

Statt gemahlenen Kaffee zu kaufen, sollte man sich lieber für Kaffeebohnen entscheiden, da sie länger frisch bleiben. Dann wird nur jeweils so viel Kaffee gemahlen, wie für die nächsten Stunden benötigt wird. Auch die Wahl der richtigen Mühle ist essenziell für ein gutes Aroma.

Gut gemahlen: elektrisch oder von Hand

Ob der Kaffee elektrisch oder per Hand gemahlen wird, ist letztlich eine Frage der persönlichen Vorliebe. Bei der Auswahl der entsprechenden Mühle sind auch Material und Form sowie leichte Handhabung und Reinigung wichtig. Egal, ob per Hand oder elektrisch gemahlen, in beiden Fällen gilt: Der Mahlvorgang ist für guten Kaffee essenziell. Je nach Art der Zubereitung sollte sich der Mahlgrad von grob bis fein einstellen lassen. Entscheidenden Einfluss hat das Mahlwerk: Es darf die empfindlichen Bohnen beim Mahlen nicht erhitzen, sonst schmeckt der Kaffee bitter.

Man unterscheidet drei Arten von Mahlwerken: das Schlagmahlwerk, das Scheibenmahlwerk und das Kegelmahlwerk.

Das Schlagmahlwerk besteht aus rotierenden Drehmessern. Diese können den Kaffee nur ungleichmäßig zerkleinern, dadurch wird der Geschmack beeinträchtigt. Das Scheibenmahlwerk ist zurzeit am gebräuchlichsten. Zwei aufeinanderliegende Scheiben aus Stahl oder Keramik zermahlen die Bohnen. Dabei wird ein gleichmäßiges Mahlergebnis erzielt.

Das Kegelmahlwerk zerkleinert die Bohnen aromaschonend zwischen innerem Kegel und äußerer Wand. Es wird in Handkaffeemühlen und in guten elektrischen Kaffeemühlen verbaut.

Wer Kaffee perfekt mahlen, aber den Geldbeutel schonen will, entscheidet sich für eine gute Handkaffeemühle.

Außer der richtigen Kaffeemühle trägt auch die Wasserqualität erheblich zum Geschmack des Kaffees bei.

Weiches Wasser

Hartes Wasser hinterlässt nicht nur Kalkränder an Wasserkochern und Kaffeemaschinen, es beeinträchtigt auch die Entfaltung der empfindlichen Aromastoffe im Kaffee.

Wie hart das Wasser in der eigenen Region ist, kann beim Wasserwerk der Gemeinde erfragt werden. Was aber tun, wenn der Härtegrad über dem optimalen Wert von 4 bis 8 Grad deutscher Härte (dH) liegt? Wer nicht die Möglichkeit hat, sich eine Filteranlage anzuschaffen, greift auf Tischwasserfilter zurück. Sie sind kostengünstig und bei regelmäßigem Wechsel der Kartusche auch hygienisch.

Für die Zubereitung von Kaffee stehen traditionelle und trendige Methoden zur Verfügung. Wichtig ist bei allen die Temperatur des Wassers: Sie soll nicht über 91 Grad Celsius liegen. Denn durch höhere Temperaturen werden Bitterstoffe aus dem Kaffee gelöst und überdecken die feinen Aromen des Kaffees.

Kaffee zubereiten:
Viele Wege führen zum Geschmack

Es gibt zwei Hauptarten der Kaffeezubereitung:

1. Das Wasser wird direkt auf den Kaffee gegossen und mit diesem vermischt. Diese Methode ergibt einen kräftigen, vollaromatischen Kaffee.

2. Das Wasser befeuchtet den Kaffee nur langsam und läuft durch einen Filter, oft aus Papier. Der so gebrühte Kaffee entfaltet seine feinen Aromen besonders gut.

Es ist eine Sache des persönlichen Geschmacks, für welche Zubereitung man sich entscheidet.

Kaffee brühen ohne Filter

Die einfachste Methode ist das direkte Übergießen des fein gemahlenen Kaffeepulvers mit heißem Wasser. Danach bleibt der Kaffee drei Minuten stehen und wird dann umgerührt. Der Kaffeesatz sinkt auf den Grund der Tasse und der Kaffee kann ohne »Krümel« getrunken werden.

Auf diese Weise kann Kaffee auch in der Kanne zubereitet werden. Zum Eingießen in Tassen verwendet man dann ein kleines Sieb.

Eine moderne Variante dieser Zubereitungsart ist der Aufguss mit der French Press, auch als Stempelkanne bekannt. In diese Kanne wird grob gemahlener Kaffee gefüllt (etwa 65 Gramm je Liter Wasser) und dann mit heißem Wasser übergossen. Nach dem Umrühren braucht der Kaffeesatz etwa vier Minuten, um abzusinken. Danach wird vorsichtig das Sieb der Stempelkanne heruntergedrückt. Dabei sollte ein leichter Widerstand bemerkbar sein. Ist er sehr stark, deutet das auf einen zu feinen Mahlgrad des Kaffees hin. Ist er fast nicht zu spüren, ist der Kaffee zu grob gemahlen.

Der Kaffee wird nun in eine andere Kanne umgefüllt, damit er nicht bitter wird.

Kaffee brühen mit Filter

Ein Handfilter aus Metall, Porzellan, Kunststoff oder Papier enthält einen Papierfilter. Dort hinein gibt man das mittelfein gemahlene Kaffeepulver. Zuerst

wird der Papierfilter mit heißem Wasser befeuchtet, dann wird langsam das Kaffeepulver benetzt. Der so entstandene Kaffee läuft durch den Filter hindurch in die Kanne oder Tasse. Er hat ein feines, vielfältiges Aroma und ein klares Aussehen.

Seit den 1970er-Jahren wird der Handfilter vielfach durch die Filterkaffeemaschinen ersetzt. Das Brühen funktioniert aber nach demselben Prinzip wie mit dem Handfilter.

Aeropress: der Zylinder für den Kaffee

Zu den Brühverfahren mit Filter gehört auch die Aeropress, ein Brühzylinder, der auf die Tasse gestellt wird. Beim Brühvorgang kommt ein Brühzylinder mit Presskolben zum Einsatz. Der so zubereitete Kaffee hat eine klare Farbe und entfaltet seine charakteristischen feinen Aromen besonders gut. Mit der Aeropress lassen sich sowohl Kaffee als auch Espresso zubereiten. Sie ist preiswert und kann problemlos auf Reisen mitgenommen werden.

Die Methode erinnert an French Press, jedoch fließt hier der gefilterte Kaffee in die Servierkanne, während bei French Press das Kaffeepulver vom Kaffee getrennt wird.

Es gibt viele verschiedene Methoden, den fein gemahlenen Kaffee mit der Aeropress zuzubereiten. Deshalb eignet sich die Aeropress für alle, die gern experimentieren. Ein weiterer Vorteil: Der Kaffee ist garantiert frei von Kaffeesatz.

Cold Brew Coffee: der neue bekömmliche Trend

Aromatisch und bekömmlich ist auch Kaffee, der aus einem Konzentrat, dem Cold Brew Coffee, zubereitet wird. Außerdem kann man aus ihm gut erfrischende Sommergetränke zaubern. Für seine Herstellung ist allerdings ein wenig Zeit vonnöten.

Der gemahlene Bohnenkaffee wird dafür nicht mit heißem, sondern mit nur zimmerwarmem Wasser übergossen, so lösen sich zwar 90 Prozent der Geschmacksstoffe, aber nur 15 Prozent der Öle und Säuren. Ein Muntermacher ist Cold Brew Coffee trotzdem, denn sein Koffeingehalt gleicht dem von heiß gebrühtem Kaffee.

Cold Brew Coffee wurde schon früh in Südamerika zubereitet, doch ob die Methode auch von dort stammt, lässt sich nicht mehr feststellen.

Hier ist das einfache Rezept:
- 200 g grob gemahlenes Kaffeepulver
- 1 l zimmerwarmes Wasser
- Gefäß mit weiter Öffnung
- Frischhaltefolie
- 1 feines Sieb
- 1 Kaffeefilter mit Filtertüte
- Löffel zum Umrühren
1. Den gemahlenen Kaffee in das Gefäß geben, dann das Wasser daraufschütten. Die Mischung gut durchrühren und das Gefäß mit Frischhaltefolie abdecken. Dann sollte die Flüssigkeit 10–12 Stunden im Kühlschrank ruhen.
2. Danach wird gefiltert: Zuerst gießt man den Kaffee durch ein feines

Für einen aromatischen, aber säurearmen heißen Kaffee kann man einen Teil Cold Brew Coffee mit zwei Teilen heißem Wasser mischen. Wer es weniger stark mag, erhöht den Wasseranteil.

Kapseln und Pads: moderner Kaffee in vielen Varianten

Fast jeder kennt sie, viele lieben sie: die zahlreichen Pads oder Kapseln, mit denen sich einfach Kaffee zubereiten lässt. Die dazugehörigen Maschinen brauchen meist wenig Platz, sind stylisch und preiswert. Der Kaffee ist bereits portioniert, das erspart die Mühe des Abmessens.

Kaffee in Kapseln gibt es mittlerweile in vielen Zubereitungen: mit Karamell oder Kakao, süß, würzig oder herb. Auch bauen die entsprechenden Maschinen so viel Druck beim Brühen auf, dass ein aromatischer Espresso entsteht.

Padmaschinen brühen einen soliden Filterkaffee in einzelnen Portionen. Gerade für Einzelkaffeetrinker haben diese Geräte also ihren Reiz.

Sieb, danach durch einen üblichen Kaffeefilter.
3. Fertig ist nun der Cold Brew Coffee, der im Kühlschrank etwa zwei Wochen lang sein Aroma behält.

So entsteht ein leckerer Eiskaffee:
1. Ein Glas zu zwei Dritteln mit Cold Brew Coffee füllen, vier bis fünf Eiswürfel zugeben. Wer ein etwas milderes Aroma bevorzugt, kann noch etwas kaltes Wasser zufügen.
Varianten:
– 100 ml Cold Brew Coffee
– 280 ml Tonic Water
Oder:
– 150 ml Cold Brew Coffee
– 10 ml frisch gepresster Zitronensaft

Die Sache hat jedoch zwei nicht zu vernachlässigende Haken: Zum einen geht die Verwendung von Pads und Kapseln ins Geld und besonders die aus Aluminium hergestellten Kapseln belasten zum anderen die Umwelt.

Kaffee modern

Während der Kaffee früher meistens aus kleinen Röstereien stammte, eroberten mit der Zeit immer mehr große Röstereien den Markt. Im Supermarkt findet sich Kaffee von diesen Firmen zu unterschiedlichen Preisen mit jeweils verschiedener Qualität. Kaffee von kleineren Röstereien gibt es heute eigentlich nur noch dann, wenn es um besonders hochwertige Kaffees geht.

Lange Zeit blieb der eigentliche Kaffeemarkt aber noch relativ unangetastet und kleine Kaffeehäuser und Cafés als einzelne Betriebe sind auch heute noch der Normalfall. Doch immer mehr große Unternehmen drängen auch auf diesen Markt, und das nicht selten mit großem Erfolg. Vielen bekannt ist die Marke Tchibo, schließlich ist Kaffee dieser Marke in fast jedem Supermarkt zu bekommen. Doch es gibt auch immer mehr Tchibo-Filialen, in denen ausgefallene Kaffeesorten und viele nützliche Utensilien verkauft werden. Zu den Filialen gehört aber auch eine Art Cafébereich, in dem Kaffee und Kuchen serviert werden.

Bekannte Marken aus Amerika sind ebenfalls häufig hier in Deutschland vertreten. Vor allem die Kette Starbucks hat stark expandiert und ist besonders bei jungen Leuten sehr beliebt. Das Angebot dieser Ketten ist vielfältig und besticht in erster Linie durch neue Kreationen wie Frappuccino oder Iced Chocolate Mocha.

Neben den Caféketten ist auch der Coffee to go zunehmend beliebter geworden, der meistens beim Bäcker oder auch bei einer der Ketten gekauft wird. Während man früher also noch lange im Café saß und in entspannter Atmosphäre seinen Kaffee trank, ist der Kaffee heute eher der »schnelle Muntermacher für zwischendurch« geworden.

Aufgeschäumt: Milchschaum perfekt

Frische oder H-Milch – darüber streiten sich die Experten. Wir empfehlen frische Milch, weil ihr leicht süßlicher Geschmack perfekt mit dem Espresso harmoniert. Gelungener Milchschaum ist nicht fest wie Sahne, sondern geschmeidig wie Creme. Dass Schaum entsteht, ist im Eiweißgehalt der Milch begründet, dieser ist bei den verschiedenen Milchsorten fast gleich. Der Fettgehalt bestimmt allerdings, wie cremig der Schaum wird: je höher, desto cremiger und intensiver im Geschmack. Wer Fett sparen will, kann natürlich auch fettarme Milch verwenden.

Bitte nicht kochen

Es gibt verschiedene Systeme, um Milchschaum herzustellen. Das kann ein kleiner elektrischer oder mechanischer Schneebesen sein oder eine Kanne mit einem Sieb, das auf und ab bewegt wird. Manche Kaffeeautomaten verfügen auch über eine spezielle Vorrichtung zum Milchaufschäumen. Der Milchschaum wird nicht direkt von der Maschine in die Tasse gegeben. Profis füllen den Milchschaum in ein Kännchen. Für optimales Eingießen und Latte-Art ist die gut ausgeformte Tülle wichtig.

Milch sollte vor dem Aufschäumen unbedingt kalt sein und dann nicht über 60 Grad Celsius erhitzt werden. Wird sie heißer, gerinnt das Eiweiß und der Schaum schmeckt verbrannt.

Ist der Milchschaum gut gelungen, ist er nicht nur geschmacklich, sondern auch optisch eine Bereicherung für den Kaffee. Zeit für Latte-Art!

Latte-Art: ganz ohne Kakao

Latte-Art, sind das nicht die Herzchen und Blumen aus Kakaopulver? Nein, die Profis sagen: Erst mal Hände weg vom Kakao, und her mit einem Kännchen, das eine möglichst feine, spitze Tülle

hat. Damit werden direkt mit dem Milchschaum Motive auf den Kaffee gezeichnet. Baristas haben diese Technik zur Kunst erhoben und mit Hingabe trainiert, um perfekte Motive zu erschaffen. Doch auch der Laie kann mit etwas Übung ein schönes Ergebnis erzielen.

Latte-Art selbst machen

Was benötigt der Latte-Art-Künstler? Eine flache Tasse mit Espresso, ideal sind wegen ihrer großen Oberfläche Cappuccinotassen. Außerdem: cremigen, feinporigen Milchschaum in einem eher größeren Kännchen mit gut geformter Tülle.

Die Milch wird in einem gleichmäßigen Strahl auf den Espresso gegossen, etwa nach der Hälfte wird das Kännchen dann gezielt im Kreis oder hin und her geführt.

Ein gutes Motiv für Latte-Art-Einsteiger ist das Herz: Der Milchschaum wird langsam in den Espresso gegossen. Nach der Hälfte hebt man das Kännchen etwas an, sodass der Milchschaum schneller fließt. Gleichzeitig wird das Kännchen

über die Mitte der Tasse bewegt. Dort entsteht ein Milchschaumpunkt, der durch die gerade Bewegung des Kännchens geteilt wird – fertig ist das Herz. Mit einem feinen Holzstäbchen kann man die Form noch ein wenig verschönern.

In der Latte-Art sind Kakao und diverse Saucen als Ergänzung der Milchschaummotive natürlich erlaubt. Einsteiger und Fortgeschrittene haben dabei gleichermaßen Freude am Experimentieren damit. Und die Gefahr von Langeweile besteht bei Latte-Art so wenig wie bei Kaffee allgemein.

»Meine heiße Liebe ...«

Wie für die Band Wise Guys ist Kaffee für viele die »heiße Liebe« ihres Lebens. Wer Lust auf noch einen Ohrwurm hat, kann beim Stöbern in unseren Rezepten das nie alternde Stück »Tasse Kaffee« von Matthias Strzoda hören oder summt voller Vorfreude den zärtlichen Song von Peter Cornelius: »Der Kaffee ist fertig«. Denn, so der arabische Scheich Hanball

Abd-al-Kadir: »Wo Kaffee serviert wird, da sind Anmut, Freundschaft und Fröhlichkeit!«

Wir lieben Kaffee und möchten Ihnen mit unseren Rezepten zeigen, wie vielseitig Sie Kaffee zubereiten und verwenden können – ob als Getränk, in Gebäck, für Fitness oder Kosmetik.

Oatmeal und Overnight Oats

Overnight Oats mit Kaffee – den Tag lecker und gesund beginnen

Kaffee Overnight Oats ist Frühstück aus Kaffee und Haferflocken, das man schon am Abend vorbereitet und am Morgen noch mit Toppings – Früchten, Nüssen oder Schokostückchen – ergänzt. Es schmeckt, sättigt und ist gesund. Der Verzicht auf Brötchen fällt damit ganz leicht. In einem verschließbaren Becher kann man die Leckerei auch als Frühstück mit ins Büro nehmen.

Kaffee Overnight Oats – ein Grundrezept

♥ *Für 1 Portion*

50 g feine Haferflocken

100 ml Kaffee

50 ml Milch

1 TL Honig

1 EL Chiasamen

Für das Topping

Schokoraspel, Kokosflocken, Chiasamen

1. Alle Zutaten in einer Schüssel gut vermischen.
2. In einem verschließbaren Gefäß über Nacht im Kühlschrank ziehen lassen.
3. Zum Verzehr mit Topping nach Wunsch anrichten.

Dieses Grundrezept kann vielfältig abgewandelt werden. Der Fantasie sind dabei keine Grenzen gesetzt: Nüsse, Mandeln, Leinsamen oder Nussmus sorgen für interessante Abwechslung.

Kaffee-Oatmeal

♥ *Für 1 Portion*

250 ml Milch

1 Espresso (ca. 65 ml)

60 g feine Haferflocken

1 reife Banane

10 g Honig (oder Zucker)

2 Msp. Bourbonvanillepulver

2 Msp. Zimt

Für das Topping

Obst nach Wahl, z. B. 100 g Heidelbeeren

1 Msp. Kakaopulver

1. Die Milch in einem Topf aufkochen.

2. Den Espresso zubereiten und mit den Haferflocken zur Milch geben.

3. Alles bei schwacher Hitze 5 Minuten köcheln lassen. Dabei gelegentlich umrühren.

4. Die Banane schälen, stampfen und unterrühren.

5. Masse mit Honig/Zucker und Gewürzen abschmecken. Anschließend den Haferbrei von der Herdplatte nehmen und weitere 5 Minuten quellen lassen.

6. Nun in eine Schüssel füllen und mit beliebigen Toppings garnieren.

Latte Overnight Oats

♥ *Für 2 Portionen*

400 ml Milch oder Pflanzenmilch nach Wahl

100 ml kalter Kaffee

240 g feine Haferflocken

2 TL Chiasamen

1 TL Kakao

½ TL Zimt

2 TL brauner Zucker

2 TL Vanilleextrakt

1 Banane

2 EL Kakaonibs

2 EL Nüsse nach Wahl

1. Alle Zutaten bis auf die Banane, die Kakaonibs und die Nüsse in einer Schüssel gut vermengen.

2. Die Masse in 2 Gläser füllen und abgedeckt mindestens 3 Stunden oder über Nacht im Kühlschrank quellen lassen.

3. Vor dem Servieren die Banane schälen und in Scheiben schneiden.

Desserts

Apple-Coffee-Crumble

♥ *Für 2 Portionen*

1 kleine Auflaufform (oval, 20 x 15 cm)

4 kleine Äpfel
75 g Mehl
1 TL Instantkaffee (Pulver oder Granulat)
50 g Butter
40 g brauner Zucker
Fett für die Form

1. Backofen auf 200 °C Umluft vorheizen.
2. Äpfel schälen, Kerngehäuse entfernen und Fruchtfleisch klein würfeln.
3. Mehl, Kaffeepulver, kalte Butter und Zucker in eine Schüssel geben und mit den Knethaken eines Rührgerätes zu Streuseln verkneten.
4. Die Apfelwürfel in der gefetteten Auflaufform verteilen und gleichmäßig mit den Streuseln bedecken.
5. Crumble in den Ofen schieben und 25–30 Minuten backen.
Noch warm servieren.

Tiramisu-Schichtdessert

♥ *Für 4 Portionen*

200 ml Espresso
200 ml Schlagsahne
1 Pck. Sahnesteif
1 Pck. Vanillezucker
250 g Mascarpone
250 g Quark
100 g Puderzucker
12 Stück Löffelbiskuit
etwas Kakaopulver zum Bestäuben
1 Paar Zuckeraugen
4 Kaffeebohnen
1 Rippe Schokolade

1. Den Espresso frisch aufbrühen und anschließend etwas abkühlen lassen.
2. Die Sahne in einer Schüssel mit dem Sahnesteif und dem Vanillezucker steif schlagen und dann in den Kühlschrank stellen.
3. Mascarpone, Quark und gesiebten Puderzucker in einer Schüssel mit dem Schneebesen zu einer homogenen Masse verrühren. Die steife Sahne vorsichtig unterheben.
4. 8 Löffelbiskuits jeweils in 2 bis 3 Stücke zerbrechen.
5. Den Espresso in einen tiefen Teller füllen und etwas Kakao in ein Sieb oder Streugefäß geben.
6. Die Biskuitstücke nach und nach ein paar Sekunden in den Espresso legen und sofort wieder herausnehmen, damit sie nicht komplett durchweichen. Etwas abtropfen lassen.
7. Nun die Gläser bereitstellen. Erst etwas von der Creme und dann die in Espresso getunkten Löffelbiskuits in die Gläser schichten. Den Kakao zwischendurch auf die Creme und den Biskuit sieben. Die letzte Schicht bildet die Creme, die wieder mit Kakao bestreut wird.

8   Zum Dekorieren die restlichen 4 Löffelbiskuits halbieren und jeweils 2 Hälften
    als Ohren in ein Dessert stecken. Mit Zuckeraugen, einer Kaffeebohne (z. B.
    schokolierte Kaffeebohne, siehe Seite 88) und etwas Schokolade Gesichter auf
    die Desserts dekorieren.

![Dessert im Glas, dekoriert als Hund mit Löffelbiskuit-Ohren, Zuckeraugen und Kaffeebohne, umgeben von Kaffeebohnen]

Nussiger Espresso-Milchreis mit einem Hauch Kakao

♥ *Für 2 Portionen*

500 ml Milch
1 Espresso (ca. 65 ml)
1 EL Kakaopulver
125 g Milchreis
1–2 EL Süßungsmittel nach Wahl

1. Die Milch in einem Topf zum Kochen bringen. Dabei den Espresso und das Kakaopulver gut unterrühren, damit sich keine Klümpchen bilden.

2. Den Milchreis unter Rühren einrieseln lassen, aufkochen und dann unter gelegentlichem Rühren auf kleiner Stufe ca. 25 Minuten köcheln lassen.

3. Topf von der Herdplatte nehmen und Milchreis weitere 5 Minuten zugedeckt quellen lassen. Süßungsmittel einrühren. Eventuell noch etwas Milch hinzugeben, damit der Milchreis schön cremig wird.

Tipp:
Milchreis warm oder kalt servieren und zum Beispiel mit gehackten Nüssen und Kakao-Amaretti toppen

Café-Creme-Schichtdessert

♥ *Für 2–3 Portionen*

150 g Mascarpone

150 g Quark

15 g Zucker

1 EL Instantkaffee (Pulver oder Granulat)

4 EL heiße Milch

50 g weiße Schokolade

etwas Bourbonvanillepulver

100 g Schlagsahne

1. Mascarpone in einer Schüssel mit Quark und Zucker vermischen. Die Hälfte der Masse in eine zweite Schüssel geben.

2. Instantkaffee in 2 EL heißer Milch auflösen.

3. Die Schokolade im Wasserbad schmelzen und die Hälfte der Schokolade zum Kaffee hinzugeben. Anschließend Kaffee-Schoko-Masse in die eine Hälfte der Quark-Mascarpone-Creme einrühren.

4. Den Rest der Schokolade mit 2 EL heißer Milch und dem Vanillepulver vermengen und in die andere Hälfte der Quark-Mascarpone-Creme einrühren.

5. Die Sahne steif schlagen. Die Hälfte der Sahne unter die Vanillecreme, die andere Hälfte unter die Kaffeecreme heben.

6. Nun beide Cremes abwechselnd in Dessertgläser schichten und diese mindestens 1 Stunde kühl stellen.

Kaffee-Quark-Pfannkuchen aus dem Ofen

♥ *Für 1 Portion*

1 Apfel
2 Eier
90 ml Milch
150 g Quark
1 Espresso (ca. 65 ml)
15 g Zucker
15 g weiche Butter
80 g Mehl
Öl zum Braten

Für das Topping

150 g griechischer Joghurt
½ TL Instantkaffee (Pulver oder Granulat)
½ TL Kakaopulver
10 g Honig

1. Den Backofen auf 180 °C Umluft vorheizen.

2. Apfel waschen, entkernen und in Scheiben schneiden.

3. Eier trennen. Das Eigelb in einer Schüssel mit Milch, Quark, Espresso und Zucker schaumig schlagen.

4. Butter in einem Topf schmelzen und in die Quarkmasse einrühren. Mehl unterrühren.

5. Nun das Eiweiß in einer Schüssel steif schlagen und unter den Teig heben.

6. Öl in einer großen ofentauglichen Pfanne auf mittlerer Stufe erhitzen. Den gesamten Teig in die Pfanne füllen, mit den Apfelscheiben belegen und 3–5 Minuten stocken lassen. Anschließend die Pfanne in den Backofen geben und Pfannkuchen in 20 Minuten fertig backen.

7. Währenddessen alle Zutaten für das Topping in einer Schüssel vermengen und dann zum gebackenen Pfannkuchen servieren.

Espresso-Kakao-Crêpes

♥ *Für 1 Portion*

1 Ei
120 ml Milch oder Schokomilch (Milch + 1 EL Kakaopulver)
40 ml Espresso
4 TL Zucker
65 g Dinkelmehl
Öl zum Braten

1. Das Ei mit der Milch, dem abgekühlten Espresso sowie dem Zucker in einer Schüssel verquirlen. Mehl hinzusieben. Alles zu einem glatten Teig verrühren, bei Bedarf noch einen kleinen Schluck Milch hinzugeben.

2. Etwas Öl in einer Pfanne erhitzen und aus dem Teig nacheinander dünne Crêpes backen.

Tipp:
Der Teig sollte recht flüssig sein. Die einzelnen Crêpes immer auf jeder Seite kurz bei relativ hoher Hitze backen.

Kaffee-Käsekuchen-Dessert

♥ *Für 4 Portionen*

Für den Teig

45 g Butter
100 g gemahlene Mandeln
80 g Zucker

Für die Creme

400 g Quark
10–15 g Instantkaffee (Pulver; je nachdem, wie stark der Kaffeegeschmack sein soll)
100 g Zucker

Für das Topping

200 ml Schlagsahne
Kakaopulver zum Bestäuben
Schokoraspel

1. Butter in einem Topf schmelzen, etwas abkühlen lassen und mit den Mandeln und dem Zucker gut vermischen. Teig auf 4 Gläser verteilen und etwas festdrücken.

2. Quark, Kaffeepulver und Zucker in einer Schüssel verrühren und Creme auf die 4 Gläser verteilen.

3. Die Sahne steif schlagen und als Topping aufbringen. Desserts mit Kakaopulver bestäuben und mit Schokoraspeln bestreuen.

Tiramisu

♥ *Für 6 Portionen*

1 Auflaufform (18 x 30 cm)

5 frische Eigelb
5 EL Zucker
500 g Mascarpone
350 ml Espresso
2 EL Marsala (für eine Variante ohne Alkohol einfach weglassen)
30 Löffelbiskuits
2 EL Kakaopulver

1. Eigelb und Zucker mit einem Schneebesen in einer Schüssel schaumig schlagen. Dann den Mascarpone unterheben.

2. In einem tiefen Teller den abgekühlten Espresso mit dem Marsala vermischen.

3. Nun 15 Löffelbiskuits nacheinander kurz in das Espresso-Marsala-Gemisch tauchen und eine Auflaufform damit auslegen. Die Hälfte der Mascarponecreme darauf verteilen.

4. Die restlichen Löffelbiskuits ebenfalls tränken, auf die Creme geben und schließlich mit dem Rest der Mascarponecreme bedecken.

5. Das Tiramisu mindestens 4 Stunden lang im Kühlschrank durchziehen lassen und vor dem Servieren mit Kakaopulver bestäuben.

Kuchen

Schokowelle

♥ *Für 10 Stücke*

1 Form (ca. 28 x 22 x 5 cm)

5 Eier
150 g weiche Butter
200 g Zucker
350 g Mehl
¾ Pck. Backpulver
1 Prise Salz
3–4 EL Kakaopulver
Fett für die Form

1. Den Backofen auf 160 °C Umluft vorheizen.

2. Eier trennen. Eigelb, Butter und Zucker in einer Schüssel schaumig aufschlagen.

3. Das Mehl mit dem Backpulver vermischen und unter die Eigelbmasse rühren.

4. Eiweiß in einem Gefäß mit dem Salz steif schlagen und behutsam unter den Teig ziehen.

5. Ungefähr ¼ des Teiges in eine zweite Schüssel geben. In den restlichen Teig das Kakaopulver einrühren.

6. Nun ca. die Hälfte des Schokoladenteigs in die gefettete Backform geben und glatt streichen.

7. Jetzt den hellen Teig vorsichtig auf den Schokoladenteig geben und verstreichen. Zum Schluss den restlichen Schokoladenteig auf den hellen Teig streichen. Wer möchte, kann noch mit einer Gabel den Teig an ein paar Stellen eindrücken.

8. Form in den Ofen geben und Schokowelle 35–40 Minuten backen. Wenn beim Stäbchentest kein Teig mehr am Stäbchen hängen bleibt, ist der Kuchen fertig.

Kaffeetorte

♥ *Für 8 Stücke bzw.*
  1 Torte (Ø 18 cm)

Für den Teig

3 Eier

100 g Zucker

130 g Mehl

1 TL Backpulver

40 g Backkakao

Für die Creme

200 ml frisch aufgebrühter Kaffee

250 ml Milch

1 Pck. Vanillepuddingpulver

40 g Zucker

200 g Butter

Für das Finish

15 g Schlagsahne

30 g Zartbitterschokolade

16 Mokkabohnen

1. Backofen auf 175 °C Umluft vorheizen.

2. Die Eier mit dem Zucker in eine Schüssel geben und mindestens 15 Minuten lang mit dem Rührgerät oder der Küchenmaschine schaumig schlagen.

3. Das Mehl mit dem Backpulver und dem Backkakao durch ein Sieb auf die Eiermasse sieben und vorsichtig unterheben.

4. Den Boden einer Springform mit Backpapier auslegen und anschließend den Teig hineinfüllen. Form in den Ofen geben und ca. 20 Minuten backen. Wenn bei der Stäbchenprobe kein Teig mehr am Stäbchen hängen bleibt, Biskuit aus dem Ofen nehmen, sonst Backzeit noch etwas verlängern.

5. Der Biskuitboden muss erst vollständig auskühlen, bevor die Torte geschichtet werden kann. Während der Boden im Ofen ist, kann der Pudding für die Creme gekocht werden. Dafür zuerst den frisch aufgebrühten Kaffee in einen Topf geben.

6. Von der Milch 6 EL in eine kleine Schüssel geben, den Rest mit dem Kaffee zum Kochen bringen.

7. Puddingpulver und Zucker mit der kalten Milch glatt rühren und dann in die kochende Milch-Kaffee-Mischung einrühren. Pudding einmal kurz aufkochen, vom Herd nehmen und in eine Schüssel füllen. Sofort mit Frischhaltefolie bedecken, damit sich keine Haut an der Oberfläche des Puddings bildet, und abkühlen lassen.

8. Die zimmerwarme Butter in einer Schüssel cremig aufschlagen. Abgekühlten Pudding durch ein Sieb streichen, nach und nach mit der Butter vermischen, anschließend Buttercreme kalt stellen.

9. In einem kleinen Topf die Sahne zum Kochen bringen, vom Herd nehmen und die Schokolade darin schmelzen. Zur Seite stellen.

10. Nun den Biskuitboden in drei gleich große Schichten schneiden. Sollte der Boden beim Backen in der Mitte mehr aufgegangen sein als am Rand, kann die Wölbung zuerst abgeschnitten werden, damit die oberste Schicht auch gerade ist.

11. Auf einem Tortenboden ca. ⅓ der Creme gleichmäßig verteilen, dann den zweiten Biskuitboden darauflegen, etwas andrücken und ebenfalls mit ⅓ der Creme bestreichen. Zum Schluss den letzten Boden auflegen und die Torte ringsherum dünn mit Creme bestreichen (nicht ganz aufbrauchen!).

12. Die geschmolzene, aber nicht mehr warme Schokolade löffelweise auf der Torte, auch am Rand, verteilen und sofort mit dem Tortenspachtel glatt streichen. Die restliche Creme in einen Spritzbeutel mit Sternentülle füllen und damit die Oberfläche der Torte dekorieren. 16 kleine Spritzer ringsherum an den Rand geben und diese mit je einer Mokkabohne bestücken. So kann die Torte später gut in gleich große Stücke geschnitten werden. Torte bis zum Servieren kalt stellen.

Tipp:

Für eine große Torte (Ø 26 cm) einfach die doppelte Menge der Zutaten verwenden und den Biskuitboden 30–40 Minuten backen.

Swiss Roll

♥ *Für 1 Rolle, 5–8 Stücke*

Für den Teig

5 Eier
1 Espresso (ca. 65 ml)
120 g feiner Zucker + etwas zum Bestreuen
100 g Mehl
25 g Speisestärke
25 g Kakaopulver
1 TL Backpulver
1 EL Öl für das Backblech

Für die Creme

1 Pck. Sahnesteif
2 Pck. Vanillezucker
2 EL Puderzucker
400 g Schlagsahne

1. Den Ofen auf 200 °C Ober-/Unterhitze vorheizen.

2. Eier trennen. Eigelb in einer Schüssel mit dem Espresso und dem Zucker schaumig schlagen.

3. Mehl, Stärke, Kakaopulver und Backpulver gut vermischen, langsam in die Eigelbmasse sieben und gut verrühren.

4. Eiweiß in einer Schüssel steif schlagen und vorsichtig mit einem Schneebesen unter die Eigelbmasse heben.

5. Ein Backblech mit Backpapier auslegen und mit dem Öl bepinseln. Den Teig als Rechteck auf das Blech streichen und ca. 10 Minuten im Ofen backen. Ein Geschirrtuch mit etwas Zucker bestreuen und den fertigen Biskuitteig sofort daraufstürzen. Dann das Backpapier vorsichtig abziehen, den Biskuitboden einrollen und auskühlen lassen.

6. In der Zwischenzeit Sahnesteif mit Vanillezucker und Puderzucker vermengen.

7. Die Sahne in einer Schüssel steif schlagen und dabei die Zucker-Sahnesteif-Mischung einrieseln lassen.

8. Nach dem Auskühlen den Biskuit wieder aufrollen und die Creme darauf verteilen. Erneut einrollen, in Alufolie einwickeln und mindestens 1 Stunde in den Kühlschrank stellen.

Mokka-Keks-Kuchen

♥ *Für 14 Stücke*

1 Kastenform (26 cm)

125 ml starker Kaffee oder Espresso
4 Eier
250 g Margarine
150 g Zucker
1 TL Zimt
1 TL Kakao
150 g Schokostreusel
250 g Mehl
1 Pck. Backpulver
1 Pck. Butterkekse
Fett für die Form

1. Kaffee oder Espresso in einer Schüssel abkühlen lassen.
2. Backofen auf 200 °C Ober-/Unterhitze vorheizen.
3. Eier trennen und das Eiweiß steif schlagen.
4. In einer separaten Schüssel Margarine, Zucker und Eigelb schaumig schlagen und anschließend mit dem Zimt, Kakao und den Schokostreuseln vermischen. Mehl und Backpulver dazugeben. Nun das Ganze sehr langsam mit dem abgekühlten Kaffee verrühren.
5. Kastenform gut einfetten und eine erste Teigschicht eingießen, anschließend mit einer Schicht Keksen belegen und wieder Teig darübergeben. Den Vorgang zweimal wiederholen, das ergibt 3 Keksschichten und 4 Teigschichten.
6. Den Kuchen 20 Minuten bei 200 °C auf der untersten Schiene im Ofen backen, anschließend auf 170 °C herunterschalten und weitere 30 Minuten backen. Sollte der Kuchen dunkel werden, Hitze weitere 10 Minuten auf 150 °C reduzieren oder Kuchen mit Alufolie abdecken.
7. Gesamtbackzeit ca. 1 Stunde.
8. Den Kuchen nach dem Backen erst etwas abkühlen lassen und dann auf ein Gitter stürzen und vollständig auskühlen lassen.

Donut-Torte mit Mokkacreme

♥ *Für 6–8 Stücke*

Donut-Maker

Für die Donuts

330 g Mehl

170 g Zucker

330 ml Milch

4 Eier

35 ml Öl (7 EL) + etwas zum Einfetten

1 Pck. Backpulver

Für die Creme

50 g Puderzucker

20 g Kakaopulver

10 g Cappuccinopulver

½ TL Bourbonvanille

250 g Schlagsahne

30 g Gelatine fix

200 g Frischkäse

Für die Glasur

120 g Zartbitterschokolade

1. Für die Mini-Donuts alle Zutaten in einer Schüssel vermengen und gut verrühren.

2. Den heißen Donut-Maker mit ein wenig Öl einpinseln, den Donut-Teig einfüllen und etwa 6 Minuten backen lassen, bis die Mini-Donuts von außen knusprig braun sind.

3. Wenn alle Donuts fertig gebacken sind, die Mokkacreme zubereiten. Dazu den Puderzucker in eine Schüssel sieben und mit Kakao, Cappuccinopulver und Vanille vermengen.

4. Die Sahne in einer Schüssel steif aufschlagen und dabei das Gelatinepulver einrieseln lassen. Die Masse unter die trockenen Zutaten mischen und als Letztes noch den Frischkäse unterrühren.

5. Einen Tortenring mit 20 cm Durchmesser auf einem Dessertteller positionieren und so viele Mini-Donuts hineinlegen, dass der Boden gut bedeckt ist. Eventuell ein paar Donuts halbieren, um den Platz besser auszufüllen. Auf diese erste Donut-Schicht ¼ der Mokkacreme geben. Nun immer abwechselnd Donuts und Creme schichten, bis die vierte Schicht Creme auf dem Kuchen ist. Diese letzte Schicht etwas andrücken, damit die Creme sich auch gut in den Donut-Lücken verteilt und der Kuchen später nicht auseinanderfällt. Damit es hübsch aussieht, ist es sinnvoll, die Donuts immer schichtweise versetzt anzuordnen.

6. Die Zartbitterschokolade in einem Wasserbad zum Schmelzen bringen und auf der letzten Cremeschicht verteilen. Torte bis zum Verzehr in den Kühlschrank stellen. Kurz vor dem Servieren den Tortenring entfernen.

Tipp:
Wer möchte, kann die Torte noch mit Schokolade, Donuts, Mokkabohnen oder anderen Leckereien verzieren.

Käsekuchen mit Obstdeckung

♥ *Für 12 Stücke*

1 Springform (Ø 26 cm)

Für den Teig

100 g Zucker
100 g Butter
1 Ei
225 g Mehl
½ TL Backpulver
Fett für die Form

Für die Creme

500 g Quark
150 g Zucker
125 ml Öl
3 Eigelb
Saft von einer Zitrone
1 Pck. Vanillepuddingpulver
375 ml Milch

Für den Guss

500 g gemischtes TK-Obst, z. B. Beerenmischung
1 Pck. klarer Tortenguss
50 g feiner Rohrzucker

1. Den Backofen auf 180 °C Umluft vorheizen.
2. Für den Teig den Zucker mit der Butter in einer Schüssel cremig rühren. Dann das Ei einrühren.
3. In einer separaten Schüssel das Mehl mit dem Backpulver vermischen und dann unter die Zucker-Butter-Creme rühren.
4. Den Teig in eine eingefettete Springform geben und am Rand etwas hochziehen.

5. Für den Belag den Quark in einer Schüssel mit dem Zucker vermischen. Öl und Eigelb hinzugeben und gut vermengen. Zitronensaft und Puddingpulver gut untermischen. Zum Schluss die Milch einrühren.

6. Creme auf dem Teigboden verteilen und Kuchen 45 Minuten im Ofen backen.

7. Den Kuchen dann komplett abkühlen lassen.

8. Für den Guss das gefrorene Obst in einem Topf unter Rühren aufkochen. Tortenguss und Rohrzucker einrühren und Masse bei niedriger Hitze eindicken lassen.

9. Den Guss etwas abkühlen lassen und dann auf dem Kuchen verteilen. Erst servieren, wenn der Guss ganz abgekühlt ist.

Tipp:

Am besten schmeckt der Kuchen, wenn er mindestens 5 Stunden im Kühlschrank durchziehen durfte.

Kaffee-Biskuitrolle

♥ *Für 1–2 Stücke*

Für den Teig

50 ml Milch

1 TL Instantkaffee (Pulver oder Granulat)

2 Eier

45 g Mehl

10 g Vanillepuddingpulver

½ TL Backpulver

35 g feiner Zucker + etwas Zucker zum Bestreuen

Öl für das Backblech

Für die Creme

150 g Quark

ca. 25 ml Milch

75 g Schlagsahne

1 Pck. Vanillezucker

Für das Topping

Himbeeren

1. Den Ofen auf 180 °C Umluft vorheizen.

2. Milch in einem Topf erhitzen, in eine Schüssel geben und Instantkaffee in der Milch auflösen. Eier trennen, Eigelb in die Milch geben und Masse schaumig schlagen.

3. Mehl, Puddingpulver und Backpulver separat in einer Schüssel vermischen und dann in die Eiermasse einrühren.

4. Eiweiß mit dem Zucker steif schlagen und unter den Teig heben.

5. Ein Backblech mit Backpapier auslegen und mit etwas Öl bepinseln.

6. Den Teig als Rechteck auf dem Blech verteilen und ca. 10–12 Minuten im Ofen backen.

7. In der Zwischenzeit den Quark in einer Schüssel mit der Milch verrühren.

8. Die Sahne mit dem Vanillezucker steif schlagen und unter den Quark heben.

9. Ist der Biskuit fertig gebacken, aus dem Ofen holen und auf ein mit etwas Zucker bestreutes Geschirrtuch stürzen. Dann das Backpapier vorsichtig abziehen, den Biskuitboden einrollen und auskühlen lassen.

10. Ist der Teig ausgekühlt, Biskuit wieder ausrollen, die Creme darauf verstreichen, erneut einrollen und halbieren.

11. Mit Himbeeren garnieren und genießen!

Schokoladenkuchen

♥ *Für 12 Stücke*

1 Springform (Ø 26 cm)

280 g Mehl
1 TL Backpulver
1 ½ TL Natron
150 g Zucker
1 Pck. Vanillezucker
½ TL Salz
1 Ei
60 g Kakaopulver
3 TL Apfelessig
470 ml Milch
135 ml Sonnenblumenöl
Fett für die Form
100 g Zartbitterkuvertüre

1. Backofen auf 180 °C Umluft vorheizen.

2. Das Mehl in einer Schüssel mit dem Backpulver vermengen. Natron, Zucker, Vanillezucker und Salz hinzugeben und verrühren. Ei und Kakaopulver hinzugeben und wieder gut verrühren.

3. Den Apfelessig und die Milch in einer separaten Schüssel vermengen und 5 Minuten stocken lassen. Dann das Öl unterrühren.

4. Die flüssigen Zutaten unter die trockenen Zutaten mischen.

5. Teig in eine gefettete Springform füllen und ca. 40–45 Minuten im Ofen backen.

6. Den Kuchen nach dem Backen abkühlen lassen. Kuvertüre im Wasserbad schmelzen und den Kuchen damit überziehen.

Muffins und süße Teilchen

Karamell-Mokka-Muffins

♥ *Für 12 Muffins*

Für den Teig

25 g Kakaopulver

200 ml starker heißer Kaffee

140 g Mehl

2 TL Backpulver

½ TL Salz

90 g weiche Butter

150 g Zucker

1 Ei

1 Msp. Bourbonvanillepulver

Fett für die Förmchen

Für das Frosting

25 g weiche Butter

1 EL Milch

65 g Puderzucker

Für die Karamellsauce

50 g Zucker

20 g weiche Butter

½ TL Salz

40 g Schlagsahne

Für die Buttercreme

140 g weiche Butter

140 g Puderzucker

140 g Frischkäse

1. Den Backofen auf 170 °C Umluft vorheizen.

2. Für die Muffins das Kakaopulver in den heißen Kaffee einrühren.

3. Mehl, Backpulver und Salz in einer Schüssel vermengen.

4. Butter und Zucker in einer zweiten Schüssel schaumig rühren und anschließend das Ei und die Vanille zugeben. Nun abwechselnd und portionsweise den Kaffee und die Mehlmischung hinzufügen und verrühren, bis alles gut

vermischt ist. Den Teig in die gefetteten Muffinförmchen füllen und etwa 25–30 Minuten im Ofen backen. Danach auskühlen lassen.

5. Währenddessen das Frosting herstellen. Dafür die Butter mit der Milch in einer Küchenmaschine so lange verrühren, bis eine cremige Masse entsteht. Den gesiebten Puderzucker nach und nach hinzufügen und alles gut verrühren.

6. Für die Karamellsauce den Zucker in einen möglichst großen Topf geben und bei mittlerer Hitze ohne Umrühren schmelzen lassen. Bei Bedarf den Topf zwischendurch schwenken. Sobald der Zucker karamellisiert ist und keine Klumpen mehr zu sehen sind, den Herd ausschalten. Achtung: Die Sauce darf nicht zu lange auf dem Herd bleiben, damit sie nicht zu dunkel und bitter wird.

7. Die Butter nun in kleinen Stückchen einrühren, sodass ein cremiges Karamell entsteht. Das Salz ebenfalls zugeben.

8. Unter langsamem Rühren die Sahne hinzufügen, bis eine homogene Masse entstanden ist. Die Karamellsauce in eine Schüssel umfüllen und bis zum weiteren Gebrauch in den Kühlschrank stellen.

9. Für die Buttercreme die Butter in einer Schüssel schaumig schlagen und anschließend den gesiebten Puderzucker nach und nach unterrühren. Frischkäse zufügen und alles gut vermischen.

10. Die fertige Buttercreme in einen Spritzbeutel füllen.

11. Die Muffins müssen ganz ausgekühlt sein, bevor sie weiter bearbeitet werden können.

12. Aus jedem Muffin in der Mitte ein kleines Stück herausschneiden und beiseitelegen. In diese Kuhle etwa 1–1 ½ TL von der Karamellsauce geben. Das herausgeschnittene Teil vorsichtig wieder aufsetzen.

13. Muffins mit dem Frosting bestreichen, sodass die Ausschnitte wieder verdeckt sind.

14. Die Buttercreme nun mithilfe des Spritzbeutels auf die Muffins spritzen und obenauf ein wenig Karamellsauce träufeln.

15. Vor dem Verzehr mindestens 1 Stunde in den Kühlschrank stellen.

Kaffee-Brownies

♥ *Für 10 Brownies*

1 Auflaufform (15 x 30 cm)

200 g Zartbitterschokolade
140 g Butter
3 Eier
75 g weißer Zucker
75 g brauner Zucker
150 g Mehl
½ TL Backpulver
½ TL Salz
10 g Instantkaffee (Pulver)
Fett für die Form
Optional: 100 g gehackte Nüsse (z. B. Walnüsse)

1. Die Schokolade klein hacken und mit der Butter in einem kleinen Topf bei mittlerer Hitze schmelzen lassen, danach auf Zimmertemperatur abkühlen lassen.

2. Den Backofen auf 180 °C Umluft vorheizen.

3. Eier und Zucker in einer Schüssel cremig aufschlagen und anschließend die Schokoladenbutter unterrühren.

4. Die restlichen Zutaten miteinander vermischen und in den Teig sieben. Alles zu einem glatten Teig verarbeiten und diesen in eine gefettete Auflaufform füllen.

5. Brownies 15–20 Minuten im Ofen backen. Bei der Stäbchenprobe darf noch etwas Teig kleben bleiben, dann sind die Brownies nicht trocken!

6. Nach dem Backen Teig kurz abkühlen lassen und dann in kleine Vierecke schneiden.

Espresso-Schoko-Muffins

♥ *Für 6 Muffins*

1 Ei
50 g Zucker
40 ml Espresso
65 ml Buttermilch
2 EL Pflanzenöl
60 g Dinkelmehl
10 g Kokosmehl
1 EL Backkakao
6 g Backpulver
40 g Zartbitterschokolade

1. Den Ofen auf 180 °C Ober- und Unterhitze vorheizen.

2. Ei mit Zucker in einer Schüssel schaumig schlagen. Abgekühlten Espresso, Buttermilch und Öl hinzugeben.

3. Die vier trockenen Zutaten in einer separaten Schüssel vermengen, auf die anderen Zutaten sieben und danach alles kurz mit einem Löffel vermischen.

4. Schokolade in Stückchen hacken, ein paar davon beiseitelegen, den Rest schnell unter den Teig heben.

5. Den Teig in 6 Silikonförmchen füllen und die restlichen Schokoladenstückchen obenauf streuen

6. Muffins ca. 15–20 Minuten (Stäbchenprobe!) im Ofen backen und dann abkühlen lassen.

Kaffee-Zimt-Schnecken

♥ *Für 20 Schnecken*

Für den Teig

500 g Mehl
1 Pck. Trockenhefe
1 EL Instantkaffee (Granulat)
75 g Zucker
½ TL Salz
80 g Butter
200 ml Milch
1 Ei

Für die Füllung

100 g weiche Butter
2 EL Zimt
50 g Zucker
1 ½ EL Instantkaffee (Granulat)

Zum Bestreichen

1 Ei
2 EL Wasser

1. Das Mehl in einer großen Schüssel mit der Trockenhefe, dem Kaffeegranulat, Zucker und Salz vermengen.

2. Die Butter in einem kleinen Topf bei niedriger Temperatur schmelzen lassen und mit der Milch mischen, anschließend etwas abkühlen lassen.

3. Die Butter-Milch-Mischung zusammen mit dem Ei in die Schüssel zu den restlichen Teigzutaten geben und den Teig etwa 15 Minuten lang kneten. Anschließend zu einer Kugel formen und mit einem Geschirrtuch bedeckt etwa 30 Minuten lang ruhen lassen.

4. Währenddessen die Füllung vorbereiten. Dazu die weiche Butter mit Zimt, Zucker und Kaffeegranulat verrühren.

5. Nach der Ruhezeit den Teig auf einer bemehlten Arbeitsfläche zu einem Rechteck (3–4 mm dick, 30 cm breit) ausrollen. Die Füllung mithilfe eines Messers gleichmäßig auf dem Teig verstreichen.

6. Nun den Teig von einer Seite aufrollen.

7. Mit einem scharfen Messer Teigrolle in 20 Scheiben schneiden. Die Scheiben mit genügend Abstand zueinander auf zwei mit Backpapier ausgelegte Backbleche legen; diese mit Geschirrtüchern abdecken. Nun die Zimtschnecken etwa eine Stunde lang gehen lassen, bis sich ihre Größe etwa verdoppelt hat.

8. Währenddessen den Ofen auf 220 °C Ober-/Unterhitze vorheizen.

9. Das Ei mit dem Wasser verrühren und mithilfe eines Pinsels die Schnecken damit bestreichen.

10. Das erste Blech in den Ofen schieben und etwa 5–7 Minuten lang backen, bis die Schnecken goldbraun sind. Mit dem zweiten Blech genauso verfahren.

Kaffee-Muffins mit Schokokern

♥ *Für 12 Muffins*

2 Eier
130 g Margarine
80 g Zucker
1 TL Zimt
½ TL Kakao
2 gehäufte TL Instantkaffee (Pulver)
120 g Mehl
½ Pck. Backpulver
75 ml Milch
Fett für die Förmchen
12 Pralinen oder ein paar Schokostücke

1. Backofen auf 170 °C Ober-/ Unterhitze vorheizen.

2. Eier trennen und das Eiweiß steif schlagen. In einer separaten Schüssel Margarine, Zucker und Eigelb schaumig schlagen und anschließend mit Zimt, Kakao und Kaffeepulver vermischen. Mehl und Backpulver dazugeben.

3. Eischnee unterheben.

4. Nun das Ganze sehr langsam und vorsichtig mit der Milch zu einem glatten Teig verrühren.

5. Die Muffinförmchen einfetten, mit einem Teelöffel auf dem Boden jeder Form ein kleines Häufchen setzen um den Boden zu fixieren. Nun die Praline oder das Schokoladenstück daraufsetzen und die Förmchen mit dem restlichen Teig befüllen.

6. Muffins 20–25 Minuten im Ofen auf der mittleren Schiene backen, dann auskühlen lassen.

Cantuccini

♥ *Für ca. 25 Cantuccini*

200 g Mehl
100 g Zucker
1 Pck. Vanillezucker
2 Eier
30 g weiche Butter
150 g blanchierte Mandeln

1. Aus Mehl, Zucker, Vanillezucker, Eiern und Butter einen homogenen Teig kneten. Zum Schluss die Mandeln mit den Händen gut untermischen. Teig 1 Stunde kalt stellen.

2. Den Backofen auf 200 °C Umluft vorheizen.

3. Den Teig nach der Kühlzeit in 3 gleich große Portionen teilen und zu etwa 15 cm langen und 5 cm breiten Strängen rollen und etwas platt drücken.

4. Stränge auf ein mit Backpapier belegtes Backblech legen und 15 Minuten im Ofen backen. Danach abkühlen lassen, bis sie lauwarm sind.

5. Die Stränge dann mit einem scharfen Messer jeweils schräg in 1–2 cm dicke Stücke schneiden.

6. Die Cantuccini nun mit der Schnittfläche nach oben erneut auf das Backblech legen und weitere 10 Minuten bei 200 °C Umluft backen, bis sie goldbraun sind.

Kaffeetassen-Muffins

♥ *Für 6 Muffins*

Für den Teig

1 Ei
60 g Zucker
60 g Butter
75 g dunkle Schokolade
70 g Mehl
25 g Kakaopulver
1 TL Backpulver
80 ml Milch
Fett für die Förmchen

Für das Frosting

50 g Butter
1 ½ EL Milch
125 g Puderzucker

Außerdem

250 g weißer Fondant
100 g dunkle Schokolade
Speisestärke

1. Den Backofen auf 170 °C Umluft vorheizen.

2. Das Ei in einer Schüssel mit dem Zucker schaumig schlagen.

3. Butter und Schokolade in einem Topf bei kleiner Hitze zum Schmelzen bringen. Mehl, Kakaopulver, Backpulver und Milch in die Ei-Zucker-Masse rühren. Dann die geschmolzene Butter-Schoko-Mischung ebenfalls gut untermischen.

4. Teig in gefettete Muffinförmchen geben und ca. 25 Minuten im Ofen backen. Anschließend gut abkühlen lassen.

5. Währenddessen das Frosting zubereiten. Dafür die Butter mit der Milch in einer Küchenmaschine so lange verrühren, bis eine cremige Masse entsteht. Während die Küchenmaschine auf kleiner Stufe läuft, ganz langsam den gesiebten Puderzucker hinzufügen und gut verrühren, damit keine Klümpchen

entstehen. Wenn die Masse am Ende noch nicht streichzart genug ist, vorsichtig ein wenig Milch ergänzen.

6. Sobald die Muffins kalt sind, können die Kaffeetassen geformt werden. Dazu die Muffins vom Papier befreien und überschüssigen Kuchen behutsam abschneiden. Nun ein wenig von dem Frosting auf die Seiten der Muffins auftragen und am besten mit einem Palettenmesser oder Teigschaber vorsichtig verteilen. Überschüssiges Frosting entfernen, sodass die Seiten gerade und glatt sind.

7. Als Nächstes den Fondant erst ausreichend durchkneten und anschließend auf einer mit ein wenig Speisestärke bestäubten Arbeitsfläche etwa 3 mm dick ausrollen. Dann Rechtecke in der Größe ausschneiden, dass sie jeweils um einen Muffin passen. Wenn das Fondantstück zu groß ist, kann man nach dem Herumwickeln problemlos noch überschüssigen Fondant entfernen.

8. Für den Henkel der Kaffeetasse muss der Fondant entweder deutlich dicker ausgerollt und dann zugeschnitten werden oder man formt einen Henkel mit der Hand. Die Fondantrechtecke vorsichtig um die Muffins wickeln. Das Frosting sorgt dafür, dass der Fondant kleben bleibt. Bei Bedarf nun überschüssigen Fondant entfernen und die Enden mit ein wenig Wasser zusammenkleben. In der Höhe den Fondant bei Bedarf ebenfalls mithilfe einer Schere kürzen. Er sollte jedoch mindestens 1 cm in der Höhe überstehen.

9. Die Enden des Henkels mit Wasser etwas befeuchten und an die Kaffeetasse kleben. Damit der Henkel nicht gleich wieder abfällt oder herunterrutscht, sollte etwas unter den Henkel gelegt werden, um ihn zu stützen.

10. Wenn alle 6 Muffins mit Fondant umwickelt sind, die Schokolade in einem Wasserbad schmelzen und auf die Muffins geben.

11. Muffins bis zum Verzehr im Kühlschrank aufbewahren.

Kaffeebohnenkekse

♥ *Für 50 Kekse*

125 g Butter
120 g Zucker
1 Pck. Vanillezucker
1 Ei
Optional: 1 TL Rumaroma
250 g Mehl
1 Msp. Backpulver
1–2 EL Kakaopulver

1. Butter, Zucker, Vanillezucker und Ei (optional Rumaroma) in einer Schüssel zu einer schaumigen Masse verrühren.

2. Mehl, Backpulver, Kakaopulver hinzusieben und gut untermischen. Teig in Frischhaltefolie wickeln und mindestens 1 Stunde in den Kühlschrank geben.

3. Backofen auf 150 °C Umluft vorheizen.

4. Teig aus dem Kühlschrank nehmen und durchkneten. Kleine Portionen in Kaffeebohnengröße abzupfen und in ovale Kaffeebohnenform bringen. Mit einem Zahnstocher oder Messer in der Mitte eine Kerbe eindrücken.

5. Kekse auf ein mit Backpapier belegtes Backblech legen und ca. 8–10 Minuten im Ofen backen, dann vollständig auskühlen lassen.

Tipp:

Gut schmecken die Kekse auch mit dunkler Schokolade überzogen.

Espresso-Shortbread-Cookies

♥ *Für ca. 30 Cookies*

Etwa 1 EL Espresso-Instantpulver (je nachdem, wie stark der Kaffeegeschmack sein soll)

250 g Weizenmehl

100 g Reismehl

120 g Zucker

1 Pck. Vanillezucker

1 Prise Meersalz

240 g kalte Butter

Zucker zum Bestreuen

1. Das Espressopulver in etwas Wasser auflösen.

2. Die trockenen Zutaten in einer Schüssel vermengen.

3. Die Butter in Stückchen schneiden und mit dem Espresso zu den restlichen
   Zutaten geben. Alles mit den Händen gut verkneten. Den Teig in Frischhaltefolie einwickeln und für ca. 1 Stunde in den Kühlschrank legen.

4. Den Backofen auf 170 °C Ober-/Unterhitze vorheizen.

5. Teig nach dem Kühlen ausrollen (nicht zu dick!) und mithilfe eines kleinen
   Glases oder einer Ausstechform die typische Shortbreadform ausstechen. Die
   Teigreste immer wieder zusammenkneten und so lange Kekse ausstechen, bis
   der Teig aufgebraucht ist.

6. Für besonders hübsche Cookies mit einem Löffelende eine geschwungene
   Linie in den Teig ritzen, damit sie aussehen wie Kaffeebohnen.

7. Cookies auf ein mit Backpapier belegtes Blech legen und 15–20 Minuten im
   Ofen backen. Solange sie noch warm sind, mit etwas Zucker bestreuen, dann
   gut auskühlen lassen.

Tipp:

Traditionell wird das Gebäck mit Haferflockenmehl oder Reismehl zubereitet,
um die typische mürb-krümelige Konsistenz zu erhalten.

Eclairs mit Kaffeecreme

♥ *Für 15 Eclairs*

Für die Creme

180 ml Milch

40 g Maisstärke

40 g Zucker

150 ml Espresso

250 g Schlagsahne

1 Pck. Sahnesteif

Für den Teig

300 ml Milch

30 g Butter

130 g Mehl

3 Eier

Für das Finish

100 g Zartbitterschokolade

1. Für die Füllung der Eclairs wird zuerst der Pudding gekocht. Von der Milch 6 EL abnehmen und in einem Gefäß mit der Stärke und dem Zucker glatt rühren.

2. Die restliche Milch mit dem Espresso in einem Topf aufkochen. Topf dann von der Kochstelle nehmen und die Stärkemischung einrühren. Unter Rühren Pudding nochmals gut aufkochen und anschließend in eine Schüssel füllen. Sofort mit Frischhaltefolie abdecken, damit sich keine Haut bildet. Pudding komplett auskühlen lassen.

3. Für den Brandteig die Milch mit der Butter in einem Topf zum Kochen bringen, dann Topf von der Kochstelle nehmen. Mit einem Holzlöffel nun das Mehl einrühren, bis sich ein Teigklumpen bildet. Bei mittlerer Hitze wird der Klumpen dann mindestens 1 Minute lang unter ständigem Rühren »gebrannt«, bis sich am Boden ein weißer Belag bildet. Anschließend den Teig in eine Schüssel geben und mindestens 15 Minuten abkühlen lassen.

4. Den Backofen auf 200 °C Ober-/Unterhitze vorheizen.

5. Mit dem Holzlöffel nun die Eier nach und nach unter starkem Rühren in den Teig einarbeiten. Es dauert einige Zeit, aber letztlich sollte ein gleichmäßiger und zäher Teig entstehen. Diesen in einen Spritzbeutel mit Sterntülle füllen.

6. Auf ein mit Backpapier belegtes Blech ca. 10 cm lange Stränge spritzen. Dabei unbedingt auf genügend Abstand dazwischen achten, da sich der Teig im Ofen verdoppelt. Die Eclairs ca. 20 Minuten im Ofen backen und dabei auf keinen Fall die Tür öffnen. Wenn die Oberfläche gut gebräunt ist, sind sie fertig.

7. Wenn man die Eclairs zu früh aus dem Ofen holt, können sie zusammenfallen. Deshalb besser etwas länger als zu kurz backen. Die fertigen Eclairs aus dem Backofen nehmen und vollständig auskühlen lassen.

8. Währenddessen die Füllung fertig zubereiten. Dafür die Sahne mit dem Sahnesteif steif schlagen. Den Pudding durch ein Sieb streichen. Anschließend die Sahne vorsichtig unter den Pudding heben. Die Creme in einen Spritzbeutel mit kleiner spitzer Tülle füllen und 30 Minuten kalt stellen.

9. In die fertigen Eclairs nun jeweils 2 Löcher in derselben Größe wie die Öffnung des Spritzbeutels stechen oder mit dem Messer schneiden. In diese Löcher Creme spritzen, bis die Eclairs vollständig gefüllt sind. Zum Schluss die Schokolade in einem Wasserbad schmelzen und die Eclairs damit überziehen.

Süße Orangenwaffeln

♥ *Für ca. 8–10 Waffeln*

390 g Mehl

2 EL Backpulver

40 g Zucker

1–2 TL Vanillepulver

1 Prise Salz

700 ml Milch

1 Ei

80 ml frisch gepresster Orangensaft

80 ml Sonnenblumenöl

Öl für das Waffeleisen

1. Mehl und Backpulver in einer Schüssel vermischen. Zucker, Vanillepulver und Salz dazugeben und gut vermengen.

2. In einer weiteren Schüssel die Milch mit dem Ei und dem Orangensaft verquirlen und 5 Minuten stocken lassen. Dann das Sonnenblumenöl hinzugeben. Nun die flüssigen Zutaten mit den trockenen Zutaten zu einem glatten Teig verrühren.

3. Das Waffeleisen vorheizen, mit Öl einfetten und nach und nach je eine Kelle Teig in das Eisen geben. Waffeln vorsichtig aus dem Waffeleisen lösen und warm mit Puderzucker, Konfitüre oder Sahne servieren.

Smiley-Kekse

♥ *Für 40 Kekse*

Plätzchenausstecher (Ø 5 cm)

1 Ei
300 g Butter
400 g Mehl
150 g Puderzucker
50–60 g Kakaopulver
weißer Fondant

1. Ei trennen. Eigelb und Butter in einer Schüssel schaumig schlagen. Eiweiß kalt stellen.
2. Mehl in eine zweite Schüssel füllen, Puderzucker und Kakaopulver dazusieben und gut vermengen. Die Mehlmischung zur Buttermasse geben und gut verrühren.
3. Den Teig ca. 15–30 Minuten in den Kühlschrank stellen.
4. Backofen auf 180 °C Umluft vorheizen.
5. Nach der Kühlzeit Teig auf einer bemehlten Fläche ausrollen und runde Kekse ausstechen. Kekse auf ein mit Backpapier belegtes Blech legen und ca. 10 Minuten im Ofen backen, danach abkühlen lassen.
6. Aus dem weißen Fondant Augen und Mund für die Smiley-Kekse zuschneiden. Dabei ruhig unterschiedliche Gesichtsausdrücke versuchen: ein zwinkerndes Auge, einen lachenden Mund usw.
7. Augen und Mund mit dem Eiweiß bestreichen und auf die Kekse kleben.

Tipp:

Anstatt Fondant kann man auch Zuckerguss verwenden und mit einem Spritzbeutel mit feiner Tülle Augen und Mund auf die Kekse spritzen.

Kaffeelöffelkekse

♥ *Für 30 Kekse*

120 g Butter
120 g Zucker
1 Pck. Vanillezucker
1 Eigelb
1 Ei
200 g Mehl
100 g Zartbitterkuvertüre

1. Alle Zutaten bis auf die Kuvertüre in eine Schüssel geben, grob mit dem Rührgerät vermischen und dann mit den Händen zu einem glatten Teig weiterverarbeiten. Teig in Frischhaltefolie wickeln und mindestens 1 Stunde in den Kühlschrank stellen.

2. Ofen auf 150 °C Umluft vorheizen.

3. Nach der Kühlzeit den Teig kurz durchkneten und mit einem Nudelholz auf einer bemehlten Fläche dünn ausrollen.

4. Mit einem Plätzchenausstecher oder einem Löffel (Löffel auflegen und mit einem Messer die Umrisse nachschneiden) Löffelkekse erstellen. Den Vorgang so lange wiederholen, bis der Teig aufgebraucht ist. Kekse auf ein mit Backpapier belegtes Backblech legen und 5–8 Minuten im Ofen backen, dann vollständig auskühlen lassen.

5. Kuvertüre im Wasserbad schmelzen und die Löffelfläche oder -stiele in die Schokolade tauchen. Löffelkekse auf einem Kuchengitter ablegen, bis die Schokolade getrocknet ist.

Kaffeedrinks, Smoothies und Shakes

Kaffee à la Bulletproof

♥ *Für 1 Portion*

1 Tasse Kaffee (ca. 200 ml)
30 g Butter
15 g Kokosöl
Optional: 1 Msp. Vanillepulver, Zimt oder Kakao

Kaffee zubereiten und mit den restlichen Zutaten im Mixer schaumig rühren.

Info:

Dave Asprey, der Erfinder der Bulletproof-Diät, empfiehlt dieses mit Butter und Kokosöl gemixte Kaffeegetränk als sättigenden Energiespender.

Heiße Schokolade mit Kaffee und Karamellsauce

♥ *Für 1 Portion*

Für die Karamellsauce (mehrere Portionen)

100 g Zucker
50 g Butter
1 Prise Salz
75 g Schlagsahne

Für den Drink

250 ml Milch
50 g Schokolade
1 TL Instantkaffee (Pulver)
50 g Schlagsahne

1. Für die Karamellsauce Zucker in einen Topf geben, ca. 15 Minuten unter ständigem Rühren schmelzen lassen und karamellisieren. Dann Butter und Salz einrühren. Anschließend den Topf von der Herdplatte ziehen und die Sahne untermischen.

2. Die Sauce nun etwas auskühlen lassen, in ein verschließbares Gefäß füllen und im Kühlschrank aufbewahren.

3. Milch in einem Topf erhitzen und die Schokolade darin schmelzen. Kaffeepulver hinzugeben und alles gut verrühren. Anschließend in ein Glas oder einen Becher füllen.

4. Die Sahne steif schlagen und auf die heiße Schokolade geben. Mit Karamellsauce beträufeln.

Marshmallow-Latte

♥ *Für 1 Portion*

200 ml Milch
1 Espresso (ca. 65 ml)
1 Handvoll kleine Marshmallows

1. Milch in einem Topf erhitzen, aber nicht zum Kochen bringen. Mit einem Milchaufschäumer Milch aufschäumen und anschließend 2 Minuten stehen lassen.

2. In der Zwischenzeit den Espresso zubereiten.

3. ¾ der aufgeschäumten Milch in ein Latte-macchiato-Glas füllen. Mit einem Löffel beim Ausgießen den Schaum zurückhalten. Den Espresso möglichst mittig und langsam in die Tasse füllen.

4. Das restliche Viertel Milchschaum als Haube obenauf setzen und Marshmallows darauf verteilen.

Tipp:
Wer möchte, kann noch etwas Schokoladensirup auf den Milchschaum träufeln.

Hot Coconut

♥ *Für 2 Portionen*

2 Tassen Kaffee (ca. 400 ml)
200 ml Kokosmilch
2 EL Kokosmus
2 EL Sprühsahne
2 TL Kokosflocken
2 TL Schokoladenraspel

1. Kaffee aufbrühen.
2. Die Kokosmilch und das Kokosmus in einem Topf erwärmen und cremig schlagen. Dann auf 2 Gläser verteilen.
3. Den Kaffee langsam auf die Kokosmilch gießen.
4. Auf jeden Drink 1 EL Sprühsahne spritzen und Kokosflocken und Schokoladenraspel aufstreuen.

Kaffee-Cashew-Smoothie

♥ *Für 2 Portionen*

2 Bananen
100 g Cashewkerne
250 ml kalter Kaffee
500 ml Mandelmilch
2 EL Kokosöl
2 EL Kakaopulver
Optional: Kokosflocken

1. Am Vortag die Bananen schälen, in Scheiben schneiden und in einem geeigneten Behältnis in die Tiefkühltruhe stellen.

2. Die Cashewkerne in eine Schale geben und mit warmem Salzwasser (ca. ½ TL Salz) bedecken. Mindestens 6 Stunden einweichen. Anschließend das Salzwasser abgießen und die Cashewkerne mit frischem Wasser gut abspülen.

3. Vor dem Verzehr Bananenscheiben aus der Tiefkühltruhe nehmen und mit den restlichen Zutaten im Mixer zu einem glatten Smoothie pürieren. Smoothie in Gläser füllen und nach Belieben mit Kokosflocken bestreuen.

Kaffee-Protein-Smoothie

♥ *Für 2 Portionen*

2 Bananen
200 ml Milch oder Pflanzenmilch nach Wahl
200 ml kalter Kaffee
200 g Magerquark
60 g Vanilleproteinpulver
Optional: Zimt oder Kakao

1. Die Bananen schälen, in Scheiben schneiden, in einen Gefrierbeutel geben und mindestens 3 Stunden (oder über Nacht) in der Tiefkühltruhe gefrieren lassen.

2. Vor dem Verzehr Bananenscheiben aus der Tiefkühltruhe nehmen und mit Milch, Kaffee, Magerquark in einem Mixer zu einem cremigen Smoothie pürieren. Proteinpulver dazugeben und nochmals gut durchmixen.

3. Smoothie in 2 Gläser füllen und nach Belieben mit etwas Zimt oder Kakao bestreuen.

Iced-Coffee-Milkshake

♥ *Für 1 Portion*

Einige Eiswürfel
150 ml Cold Brew Coffee (siehe Seite 21/22)
150 ml kalte Milch
Optional: Süßstoff, Sirup

1. Eiswürfel in ein hohes Cocktailglas füllen.
2. Glas mit dem Kaffee und der kalten Milch auffüllen und Getränk nach Geschmack süßen.

Eisiger Kaffee-Schoko-Shake

♥ *Für 2 Portionen*

25 g Halbbitterschokolade
100 ml Schlagsahne
100 ml Espresso
4 große Kugeln Schokoladeneis (insgesamt ca. 120 g)
365 ml Milch

1. Gläser im Kühlschrank vorkühlen.

2. Die Schokolade mit der Sahne in einer Schüssel im Wasserbad erwärmen, bis die Schokolade vollständig geschmolzen ist. Anschließend im Kühlschrank abkühlen lassen.

3. Den Espresso aufbrühen und ebenfalls komplett auskühlen lassen.

4. Die kalte Schokoladensahne wie normale Schlagsahne steif schlagen.

5. Das Schokoladeneis mit der Milch und dem Kaffee in einem Mixer oder mit einem Pürierstab mixen, bis sich das Eis komplett aufgelöst hat.

6. Das Getränk in 2 vorgekühlte Gläser füllen und die Schokosahne obenauf geben.

Eis

Nugateis mit Kaffee

 Für 6 Portionen

200 g Zartbitterkuvertüre
150 g Nugat
500 g zimmerwarme Schlagsahne
25 g Instantkaffee (Pulver oder Granulat)
1 EL Vanillesirup
1 Prise Zimt
1 Prise Salz
Optional: schokolierte Kaffeebohnen
(siehe S. 88), Krokant und Früchte nach Wahl

1. Die Kuvertüre zerkleinern und mit dem Nugat in einer Schüssel im Wasserbad schmelzen. Etwas abkühlen lassen, die Masse sollte aber noch warm sein. 250 g Sahne einrühren.

2. Instantkaffee, Vanillesirup, Zimt und Salz unterrühren. Masse etwas abkühlen lassen.

3. Die restlichen 250 g Sahne steif schlafen und unter die Schokomasse heben. Aus der Masse in der Eismaschine Eis machen und in der Tiefkühltruhe durchfrieren lassen.

4. Vor dem Servieren Eis optional mit schokolierten Kaffeebohnen, Krokant und Früchten nach Wahl garnieren.

Tipp:

Ohne Eismaschine ist die Zubereitung auch möglich. Dazu die Eismasse in einen geeigneten Behälter füllen und in die Tiefkühlruhe stellen. Das Eis alle 30 Minuten gut umrühren, bis es komplett durchgefroren und cremig ist.

Kaffee-Schokoladen-Protein-Popsicle

♥ *Für 4 Portionen*

250 g griechischer Joghurt

10–15 g Instantkaffee (Pulver, je nachdem, wie stark der Kaffeegeschmack sein soll)

50 g Schokoladenproteinpulver

25 g Kakao

60 g Erythrit (oder 50 g Zucker)

1–2 EL Mandelmilch

1 TL Zimt

1. Alle Zutaten in einer Schüssel miteinander vermischen, bis die Masse eine cremige Konsistenz angenommen hat.

2. Auf 4 Eisformen verteilen und über Nacht in die Tiefkühltruhe legen.

Tipp:

Vor dem Verzehr kurz etwas heißes Wasser über die Formen laufen lassen, dann löst sich das Eis besser.

Kaffee-Eiswürfel

♥ *Für mehrere Eiswürfelformen*

100 g sehr grob gemahlener Kaffee
800 ml kaltes Wasser

1. Den Kaffee in ein großes Gefäß geben und mit dem Wasser übergießen. Alles gut umrühren, anschließend das Gefäß mit Frischhaltefolie bedecken und 12–15 Stunden in den Kühlschrank stellen.

2. Nach dieser Zeit den Kaffee vorsichtig über einem großen Gefäß durch ein Geschirrtuch gießen, um die Kaffeepartikel herauszufiltern. Den so entstandenen Cold Brew Coffee nun in Eiswürfelformen füllen und zum Gefrieren in die Tiefkühltruhe stellen.

Tipp 1:

Die fertigen Kaffee-Eiswürfel kann man zum Beispiel mit kalter Milch servieren. Dazu ein Glas zu ¾ mit den Eiswürfeln füllen und mit kalter Milch aufgießen.
Die Eiswürfel passen auch gut zu abgekühltem Kaffee oder in Cocktails.

Tipp 2:

Die Kaffee-Eiswürfel, die im sogenannten Cold-Brew-Verfahren hergestellt werden, schmecken weniger bitter. Doch man kann die Eiswürfel selbstverständlich auch aus normal gebrühtem Kaffee zubereiten.

Kaffeedrops à la Bulletproof

♥ *Für 20 Drops*

125 g Butter
100 g Kokosöl
1 TL Zimt
½ TL Meersalz

1. Die Butter mit dem Kokosöl in einer Schüssel im Wasserbad langsam schmelzen. Dann Zimt und Salz unterrühren.

2. Die Masse in Förmchen (z. B. Eiswürfelbehälter) füllen und im Kühlschrank aushärten lassen.

3. Die Drops in eine Aufbewahrungsbox mit Deckel geben und bis zur Verwendung im Kühlschrank lagern.

Tipp:

Zur Herstellung eines schnellen Bulletproof-Kaffees 250 ml warmen Kaffee mit 1–2 Drops in einen Mixer geben und auf hoher Stufe cremig mixen.

Besonderes

Kaffeegewürze

♥ *Für etwa 80 ml pro Gewürzmischung*

Zutaten Pumpkin Spice

4 TL Zimt
2 TL gemahlener Muskat
2 TL gemahlener Ingwer
1 TL gemahlene Nelken

Zutaten Chai

5 TL Zimt
½ TL gemahlene Nelken
4 TL gemahlener Ingwer
1 TL gemahlener Kardamom
½ TL gemahlener Sternanis

Zutaten Vanille-Chai-Zucker

7 TL Zucker
2 TL Chai-Gewürzmischung
1 TL Vanillepulver

Zutaten Spekulatius

4 TL Zimt
1 ½ TL Orangenschale
1 ½ TL Zitronenschale
½ TL gemahlener Kardamom
½ TL gemahlene Nelken
¼ TL gemahlener Koriander
¼ TL gemahlener Muskat

Zutaten Schokotraum

6 TL ungesüßter Kakao
2 TL Zucker
1 TL Vanillepulver
1 TL Zimt
½ TL Piment

1. Die Zutaten jeweils gut miteinander vermischen und in einem luftdicht verschließbaren Behälter aufbewahren.

2. Pro Tasse Kaffee je nach gewünschter Geschmacksintensität ½–1 TL der jeweiligen Gewürzmischung in den heißen Kaffee rühren. Anschließend nach Belieben süßen (bei Vanille-Chai-Zucker nicht mehr nötig) und mit Milch verfeinern.

Schokolierte Kaffeebohnen

♥ *Für 100 g Espressobohnen*

---

150 g Zartbitterkuvertüre
100 g geröstete Espressobohnen

---

1. Die Zartbitterkuvertüre in eine Schüssel geben und im Wasserbad schmelzen.

2. Espressobohnen nach und nach in die Kuvertüre tunken und einzeln mit der Gabel wieder herausnehmen und etwas abtropfen lassen. Auf ein Backpapier legen und trocknen lassen.

3. Um die Kaffeebohnenoptik zu bewahren, kurz vor dem vollständigen Trocknen die Mittellinie einritzen. Sonst ähneln die schokolierten Kaffeebohnen eher kleinen Schokokugeln.

Tipp:

Die Kaffeebohnen schmecken auch gut, wenn man sie nach dem Schokolieren und kurzen Antrocknen in einer Mischung aus 3 EL Kakaopulver und 1 EL Puderzucker wälzt.

Schoko-Kaffee-Aufstrich

♥ *Für ca. 400 g Aufstrich*

300 g Nuss-Nugat-Schokolade
50 g Bitterschokolade
50 ml Espresso
50 g Butter

1. Die Schokoladen zerkleinern, mit dem heißen Espresso und der Butter in eine Schüssel geben. Alles im Wasserbad schmelzen und gut verrühren.
2. Anschließend Creme in ein Glas mit Schraubverschluss füllen und auskühlen lassen.

Schokolöffel

♥ *Für 6 Löffel*

250 g Kuvertüre nach Wahl (Zartbitter, Vollmilch oder weiß)
6 Löffel (Metall oder Holz)

Für das Topping
Zimt, Salz, Orangenabrieb, Vanille etc.

1. Die Kuvertüre zerkleinern, in eine Schüssel geben und im Wasserbad langsam schmelzen. Die geschmolzene Schokolade in Förmchen (z. B. Eiswürfelbehälter) füllen und 20 Minuten in den Kühlschrank stellen. Dann aus dem Kühlschrank nehmen, die Löffel mittig in die Schokoladenblöcke stecken und diese mit dem Topping nach Wahl bestreuen.
2. Die Schokoladenlöffel mindestens 2 Stunden im Kühlschrank aushärten lassen.

Kaffee in der Waffel

♥ *Für 1 Waffel*

100 g Sahne
1 Tasse Kaffee (100–150 ml)
1 Eiswaffel (z. B. mit Schoko-Innenrand)
1 TL Schokosirup

1. Die Sahne in einer Schüssel steif schlagen.

2. Den Kaffee zubereiten und vorsichtig in die Eiswaffel füllen (evtl. nur 50–70 ml verwenden).

3. Nun 2–3 TL der Sahne auf den Kaffee setzen und alles mit einem Löffelstiel umrühren.

4. Den Schokosirup auf die Sahne träufeln und mit dem Löffelstiel zu einem Herz formen.

Kosmetik

Kaffee-Massagebars

♥ *Für 5 Bars*

50 g Bienenwachs

50 g Bio-Sheabutter

50 ml Mandelöl

5 Tropfen ätherisches Öl nach Wahl

Kaffeebohnen

1. Bienenwachs und Sheabutter in eine Schüssel geben und im Wasserbad langsam schmelzen. Mandelöl und das ätherische Öl nach Wahl hinzugeben und gut unterrühren.

2. Die flüssige Masse in Silikonformen füllen und die Kaffeebohnen daraufstreuen.

3. Masse mindestens 4 Stunden auskühlen lassen und anschließend aus den Formen drücken.

Tipp:

Nach dem Duschen die Massagebars in kreisenden Bewegungen über die Haut reiben und Öl danach einmassieren.

Kaffee-Gesichtspeeling

♥ *Für 1 Glas (ca. 400 ml)*

75 g feine Haferflocken
75 g brauner feiner Zucker
75 g gemahlener Kaffee
1 TL Zimt
120 ml Kokosöl
2 EL Mandelöl

1. Die Haferflocken und den braunen Zucker in einer Küchenmaschine zermahlen. Mit dem Kaffeepulver und dem Zimt vermengen.

2. Das Kokosöl in einer Schüssel im Wasserbad schmelzen und dann mit dem Mandelöl zu den übrigen Zutaten geben. Alles gut vermischen.

3. Das Peeling in ein geeignetes Gefäß mit Deckel füllen.

Tipp:
Für ein besonders schonendes Gesichtspeeling nur wirklich fein gemahlene Zutaten verwenden.

Kaffee-Öl für Haut und Haar

♥ *Für 1 Glas (ca. 200 ml)*

200 ml Olivenöl
150 g gemahlener Kaffee

1. Die Zutaten in ein dicht verschließbares Gefäß füllen, ca. 2 Wochen kühl lagern und alle 1–2 Tage gut durchschütteln.
2. Öl nach 2 Wochen durch einen Kaffeefilter abseihen.

Tipp 1:

Das so entstandene Kaffeeöl kann zur Massage (z. B. gegen Cellulite) verwendet werden oder auch als nährende Haarkur. Dazu etwa 1 EL in Haare und Kopfhaut einmassieren und 30 Minuten einwirken lassen. Danach Haare normal waschen.

Tipp 2:

Das Kaffeeöl wirkt auch gegen dunkle Augenringe. Eine geringe Menge in eine kleine Flasche abfüllen und kühl stellen. 1 Tropfen auf den Finger träufeln und auf die dunkle Partie unter den Augen auftragen.

Danksagung

Bianca zeigt mit ihrem Food-und-Fitness-Instagram-Account **@fitness_bianca** sowie in ihrem Blog www.biancazapatka.wordpress.com anhand von schönen Fotografien, wie lecker, bewusst und ausgewogen man sich ernähren kann. Egal ob vegetarisch, mit Fleisch/Fisch und süß oder herzhaft. Hier ist für jeden etwas dabei und hier wird garantiert jeder hungrig!

Eileen von www.veggieundvegan.de bloggt auf ihrem vegetarischen und veganen Blog über Rezepte, Inspirationen und Nützliches aus und für die Küche. Auf ihrer Instagram-Seite **@eileen_mo_** demonstriert sie ihren Followern, wie ausgefallen die vegetarische Küche sein kann.

Auf **Karinas** Instagram-Account **karina.sowa** findet man nicht nur gesunde und vielfältige Rezeptideen, sondern auch sehenswerte Food-Fotos, die inspirieren und Lust auf mehr machen.

Katharina Clören – schnelle, gesunde Fitnessküche für jedermann. Leckereien können gesund sein, und ausgewogen kochen geht auch in der Mikrowelle. Wie? Das zeigt Katharina auf ihrem Fitness-Account bei Instagram **@squatsandpeanuts**.

@Leilajasmin_ macht auf ihrem Instagram-Account deutlich, dass man Essen auch ohne schlechtes Gewissen genießen kann. Selbst dann, wenn man auf seine Ernährung achten, gesund leben oder sogar etwas abnehmen möchte.

Ronja vom Onlinemagazin Food'n'Photo beweist, dass auch das Auge mitisst. Auf ihrem Blog www.foodnphoto.de und ihrem Instagram-Account **@miss_gruenkern** präsentiert sie leckere und gesunde Gerichte, die allein schon beim Ansehen Appetit machen.

Vanessa führt auf ihrem Instagram Account **@van0510** vor, wie viel Spaß es machen kann, sich gesund und vielseitig zu ernähren – ganz ohne Verzicht auf den Geschmack! Mit Vorliebe postet sie Bilder sowie passende Rezepte für jeden, der auf der Suche nach Frühstücksideen oder herzhaften Gerichten ist. Liebe geht durch den Magen ist hier definitiv Programm.

Über die Autorin

Veronika Pichl ist die Inhaberin des Happy Fit Food Verlags, zu finden unter www.happyfitfood.de. Die Autorin schreibt praktische und hilfreiche Ratgeber zu den Themen Abnehmen, Ernährung, Bewegung und Glücklichsein. Zahlreiche nützliche und erprobte Tipps und abwechslungsreiche Rezepte begleiten die Leser auf ihrem Weg zu einer positiven Veränderung.

Bild- und Rezeptnachweis

S. 28–29: Kaffee-Oatmeal (Rezept + Foto): Bianca Zapatka, #fitness_bianca

S. 30: Latte Overnight Oats (Rezept+ Foto): Eileen Moser, veggieundvegan

S. 31: Apple-Coffee-Crumble (Rezept + Foto): Ronja Pfuhl, Food'n Photo, #miss_gruenkern

S. 32: Tiramisu-Schichtdessert (Rezept): Ronja Pfuhl, Food'n Photo, #miss_gruenkern

S. 34: Nussiger Espresso-Milchreis mit einem Hauch Kakao (Rezept + Foto): Vanessa Döhre, #van0510

S. 35: Kaffee-Creme-Schichtdessert (Rezept + Foto): Bianca Zapatka, #fitness_bianca

S. 36-37: Kaffee-Quark-Pfannkuchen aus dem Ofen (Rezept + Foto): Bianca Zapatka, #fitness_bianca

S. 38: Espresso-Kakao-Crêpes (Rezept + Foto): Vanessa Döhre, #van0510

S. 39: Kaffee-Käsekuchen-Dessert (Rezept + Foto): Katharina Clören, #squatsandpeanuts

S. 40: Tiramisu (Rezept): Miriam Matin

S. 41: Schokowelle (Rezept): Tina Plugge

S. 42–43: Kaffeetorte (Rezept + Foto): Ronja Pfuhl, Food'n Photo, #miss_gruenkern

S. 44–45: Swiss Roll (Rezept): Bianca Zapatka, #fitness_bianca

S. 46–47: Mokka-Keks-Kuchen (Rezept + Foto): Leila Jasmin, #leilajasmin_

S. 48–49: Donut-Torte mit Mokkacreme (Rezept + Foto): Karina Sowa #karina.sowa

S. 50–51: Käsekuchen mit Obstdeckung (Rezept): Tina Plugge

S. 52–53: Kaffee-Biskuitrolle (Rezept + Foto): Bianca Zapatka, #fitness_bianca

S. 54: Schokoladenkuchen (Rezept): Tina Plugge

S. 55–57: Karamell-Mokka-Muffins (Rezept + Foto): Karina Sowa #karina.sowa

S. 58: Kaffee-Brownies (Rezept): Ronja Pfuhl, Food'n Photo, #miss_gruenkern

S. 59: Espresso-Schoko-Muffins (Rezept + Foto): Vanessa Döhre, #van0510

S. 60–61: Kaffee-Zimt-Schnecken (Rezept): Miriam Matin

S. 62: Kaffee-Muffins mit Schokokern (Rezept + Foto): Leila Jasmin, #leilajasmin_

S. 63: Cantuccini (Rezept): Ronja Pfuhl, Food'n Photo, #miss_gruenkern

S. 64–66: Kaffetassen-Muffins (Rezept + Foto): Karina Sowa #karina.sowa

S. 67: Kaffeebohnenkekse (Rezept + Foto): Veronika Pichl

S. 68: Espresso-Shortbread-Cookies (Rezept): Vanessa Döhre, #van0510

S. 70–71: Eclairs mit Kaffeecreme (Rezept + Foto): Ronja Pfuhl, Food'n Photo, #miss_gruenkern

S. 72: Süße Orangenwaffeln (Rezept): Tina Plugge

S. 73: Smiley-Kekse (Rezept): Tina Plugge

S. 74: Kaffeelöffelkekse (Rezept + Foto): Veronika Pichl

S. 75: »Bulletproof« Coffee (Rezept): Bianca Zapatka, #fitness_bianca

S. 76: Heiße Schokolade mit Kaffee und Karamellsauce (Rezept): Bianca Zapatka, #fitness_bianca

S. 77: Marshmallow-Latte (Rezept + Foto): Leila Jasmin, #leilajasmin_

S. 78: Hot Coconut ((Rezept): Veronika Pichl

S. 79: Kaffee-Cashew-Smoothie (Rezept): Miriam Matin

S. 80: Kaffee-Protein-Smoothie (Rezept): Eileen Moser, veggieundvegan

S. 81: Iced-Coffee-Milkshake (Rezept): Miriam Matin

S. 82: Eisiger Kaffee-Schoko-Shake (Rezept): Ronja Pfuhl, Food'n Photo, #miss_gruenkern

S. 83: Nugat-Eis mit Kaffee (Rezept): Eileen Moser, veggieundvegan

S. 84: Kaffee-Schokoladen-Protein-Popsicle (Rezept): Katharina Clören, #squatsandpeanuts

S. 85: Kaffee-Eiswürfel (Rezept): Miriam Matin

S. 86: »Bulletproof« Drops (Rezept + Foto): Eileen Moser, veggieundvegan

S. 87: Kaffeegewürze (Rezept + Foto): Ronja Pfuhl, Food'n Photo, #miss_gruenkern

S. 88: Schokolierte Kaffeebohnen (Rezept): Veronika Pichl

S. 89: Schoko-Kaffee-Aufstrich (Rezept): Bianca Zapatka, #fitness_bianca

S. 89: Schokolöffel (Rezept): Eileen Moser, veggieundvegan

S. 90: Kaffee in der Waffel (Rezept + Foto): Leila Jasmin, #leilajasmin_

S. 91: Kaffee-Massagebars (Rezept + Foto): Eileen Moser, veggieundvegan

S. 92: Kaffee-Gesichtspeeling (Rezept + Foto): Eileen Moser, veggieundvegan

S. 5: S_Photo/Shutterstock.com; S. 6: Ilya Oreshkov/Shutterstock.com; S.7: Libor Fousek/Shutterstock.com; S. 8: portumen/Shutterstock.com; S. 9: Daxiao Productions /Shutterstock.com; S. 10: DomDew_Studio/Shutterstock.com; S. 11: Julia Sudnitskaya /Shutterstock.com; S. 12 unten: Cornelia Pithart/Shutterstock.com; S. 13: Africa Studio/Shutterstock.com; S. 14 oben: hedgehog111/Shutterstock.com; S. 14 unten: bonga1965/Shutterstock.com; S. 15 oben: Athirati/Shutterstock.com; S. 15 unten: Pixeless/Shutterstock.com; S. 16: Shulevskyy Volodymyr/Shutterstock.com; S. 18: PHB.cz (Richard Semik)/Shutterstock.com; S. 19 oben: Lisa S./Shutterstock.com; S. 19 unten: multiart/Shutterstock.com; S. 20: fredredhat/Shutterstock.com; S. 21: Nadir Keklik/Shutterstock.com; S. 22 oben: iMoa Kiatbordin Doojai/Shutterstock.com; S. 22 unten: Davizro Photography/Shutterstock.com; S. 23: TwilightArtPictures/Shutterstock.com; S. 24 oben: NorGal/Shutterstock.com; S. 24 unten: Alexander Lukatskiy/Shutterstock.com; S. 25 oben: amenic181/Shutterstock.com; S. 25 unten: Nopphadon Jantranapaporn/Shutterstock.com; S. 26 links oben: Rungrudee Sudsan/Shutterstock.com; S. 26 rechts oben: joloei/Shutterstock.com; S. 26 links unten: Foto2rich/Shutterstock.com; S. 26 rechts unten: Monning27/Shutterstock.com; S. 27: Nataliya Arzamasova/Shutterstock.com; S. 33: Anastasia_Panait/Shutterstock.com; S. 40: Anastasia_Panait /Shutterstock.com; S. 41: Jiri Hera/Shutterstock.com; S. 45: qingqing /Shutterstock.com; S. 51: Leila B. /Shutterstock.com; S. 54: Jiri Hera/Shutterstock.com; S. 58: Elena Pominova /Shutterstock.com; S. 61: Sergey Fatin/Shutterstock.com; S. 63: Barbara Dudzinska/Shutterstock.com; S. 69: tacar/Shutterstock.com; S. 72: AS Food Studio /Shutterstock.com; S. 73: kuvona/Shutterstock.com; S. 75: Vista Photo/Shutterstock.com; S. 76: Nataliya Arzamasova/Shutterstock.com; S. 78: yr_skr/Shutterstock.com; S. 79: Elena Veselova/Shutterstock.com; S. 80: Xan/Shutterstock.com; S. 81: Y Photo Studio/Shutterstock.com; S. 82: Elena Veselova/Shutterstock.com; S. 83: Wiktory /Shutterstock.com; S. 84: Brent Hofacker/Shutterstock.com; S. 85: Fortyforks/Shutterstock.com; S. 88: Africa Studio/Shutterstock.com; S. 89 oben: greenazya/Shutterstock.com; S. 89 unten: GMVozd/iStockphoto.com; S. 93: iuliia_n/Shutterstock.com